성공은 나눌수록 커진다

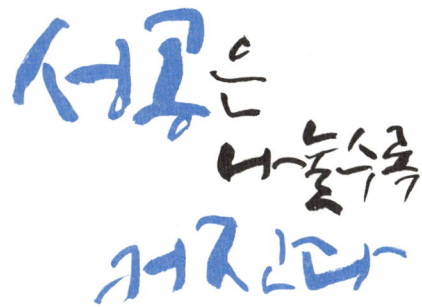

성공은 나눌수록 커진다

김광석 지음

ⓘ아이북

미래개척에 나선 러시아 젊은이에게
새로운 길을 보여줄 한 권의 책

러시아는 유럽과 아시아에 걸쳐 광활한 영토가 펼쳐져 있는 전 세계에서 가장 큰 나라이다. 땅이 큰 만큼 시간대도 9개나 된다. 그러니까 러시아에선 9번의 새해를 맞이할 수 있는 셈이다. 또 오랜 세월 이어온 유구한 역사와 다양하고 풍성한 문화 전통은 어디에 내놓아도 부끄러울 것이 없는 나라이다. 하지만 90년대 초 사회주의 체제가 무너지면서 러시아는 엄청난 변혁과 혼동의 소용돌이에 빠져들었다. 그동안 한 번도 경험해보지 못한 자유주의 체제는 새로운 시대에 대한 희망과 설렘을 주기도 했지만, 현실에서 몸으로 부딪치는 어려움은 그리 녹록하지 않았다. 사회주의 시절에는 국가가 모든 것을 해결해주었지만, 이제는 국가가 개인을 위해 해줄 수 있는 것이 없어졌기 때문이다. 오랜 세월 사회주의 체제에 길들어 있던 러시아 국민들에겐 굉장한 충격이라 할 수 있다.

특히 젊은이들은 무상교육과 평생직장이 보장되던 옛날과 달리 냉혹한 경쟁사회를 헤쳐 나가야 하는 부담감이 더욱 크다. 때문에 이를 극복하지 못하고 방황과 좌절의 늪에 빠져 힘들어

하는 젊은이들이 많은 상황이다. 어려서부터 자유주의 체제와 경쟁사회에서 살아온 한국의 젊은이들과는 그 체감 온도가 사뭇 다른 것이다.

그래서 러시아에서는 사회적인 어려움을 이겨내고 단기간에 놀라운 성장을 이룬 아시아의 여러 나라에 대한 관심이 아주 높다. 그 나라들의 성장 요인은 무엇이며, 그 성장을 힘 있게 이끌어나간 사람들은 누구일까? 우리는 꼼꼼한 분석을 위해 각 나라별로 성공 스토리를 담고 있는 책을 한 권씩 선정하여 러시아에서 펴내고, 그것을 공직자를 비롯해 러시아의 미래를 이끌어나갈 차세대 리더들에게 읽게 하자는 계획을 세웠다.

책을 선정하는 기준은 이랬다. 우선 성공한 기업인이되, 대물림이 아니라 자신의 능력을 바탕으로 스스로 사업을 일구어내고 키운 기업인이어야 한다. 그리고 성공하는 과정에서 어떻게 어려움을 이겨내고 고난을 극복했는지가 잘 드러나 있어야 한다.

한국에 와 있던 나 역시 한국을 대표할 만한 성공 기업인을 열심히 찾아보았다. 그러던 중 2012년 한 모임을 통해 참존의 원주공장을 방문할 기회가 생겼고, 그때 기초화장품 하나만으로 30년 동안 알짜 기업을 이룬 김광석 회장을 만날 수 있었다. 나에게는 엄청난 행운이었다. 그동안 내가 찾고 있던 한국을 대표할 만한 기업인이었다. 더 이상 머뭇거릴 이유가 없었다. 나는 며칠 뒤 서울 본사로 그를 찾아갔고, 그곳에서 영문으로 번역된 『성공은 나눌수록 커진다』란 책을 받았다. 집에 돌아오자마자 단숨에 읽어내려간 책 속에는 그가 어떻게 어려움을 극복하고 성공의 길로 들어설 수 있었는지, 또 진정한 성공이란 어떤 의미를 갖고 있는지가 쉽고 재미있으면서도 진지하게 담겨 있었다.

나는 이 책이야말로 러시아 사람들에게 꼭 필요하다는 확신이 들었다. 특히 이 책을 통해 꿈을 찾는 젊은이들에게 성공으로 가는 길이 무엇인지 알려주고 싶었다. 초판 내용이야 더 말할 것도 없지만, 2000년 이후 지난 13년간 이루어낸 일까지 풍성하게 담긴 개정판이 나오기를 누구보다 간절히 기다려왔던 까닭이기도 하다. 영문판과 중국어판이 나와 다른 나라 사람들이 참존 스토리 속에서 삶의 나침반을 찾았듯이, 하루빨리 러시아어로도 출간되어 많은 러시아인들이 변혁과 혼동의 시대에 새로운 길을 찾아나갈 수 있기를 바란다.

2013년 3월

미하일 본다렌코 (러시아 무역대표부 대표)

세계의 독자들에게 보낼
새로운 이야기

이 책을 처음 쓰고 펴낸 것이 2000년이었다. 그리고 13년
이 흐른 지금, 나는 다시 개정판을 내게 되었다. 그 13년
사이에 나와 참존에는 어떤 일이 있었을까? 또 왜 이 시점에서
개정판을 내기로 한 것일까? 우선 2000년에 쓴 초판 마지막 부
분의 한 대목을 그대로 옮겨본다.

지난 16년 동안 오로지 화장품만을 생각하며 걸어왔듯이 앞으
로의 내 인생도 모두 화장품에 걸고 쉼 없이 걸어갈 것이다. 그
흔들림 없는 인생의 결승점은 바로 세계 제일의 명품을 만들어
내는 것. (……) 참존의 제2기, 재도약의 시기가 끝나는 15년 후
나는 과연 어떤 위치에서 무엇을 생각하며 우리의 창업 이념을
바라보고 있을까. 다만 한 가지, 그때도 나는 여전히 청개구리
박사로 남아 있을 것이다.

이 글을 쓸 때 내가 각오했던 대로 나는 오늘까지 30년을 오
로지 화장품 하나에 걸었다. 그리고 나는 여전히 청개구리 박

사로 남아 세계 제일의 명품을 만들기 위해 모든 노력을 기울이고 있다.

참존 또한 지각 변동을 예감할 만큼 성장하며 제2의 도약기를 향해 크게 한 걸음 옮겨놓고 있다. 참존모터스와 참존임포트, 참존오토모티브, 참존건설, 부온, N4 등 7개 계열사를 거느리는 그룹으로 발전했고, 참존화장품은 국내 시장을 뛰어넘어 미국과 일본, 중국, 호주, 캐나다, 프랑스 등 세계 20개국을 무대로 괄목할 만한 성과를 올렸다. 작년에는 중국 시장에서만 연매출 100억 원이라는 쾌거를 이루어냈다. 이제 참존은 말 그대로 글로벌 도약기에 진입한 것이다.

하지만 여기까지 오는 길이 순탄하지만은 않았다. 시장 구조가 급변하면서 심하게 휘청거린 적도 있고, 어디로 어떻게 방향을 잡아야 할지 몰라 캄캄한 동굴 속에서 헤맨 적도 있다. 이번 개정판에는 그에 관한 이야기들을 솔직하게 담아보았다. 그 어떤 성공도 고통과 아픔, 희생 없이는 이루어질 수 없음을 말하고 싶었기 때문이다. 또 고통과 아픔을 겪으면서 뼈저리게 터득한 삶의 지혜를 많은 이들과 함께 나누고 싶었기 때문이다.

특히 이번에 펴내는 개정판은 나를 비롯해 우리 참존에겐 아주 뜻깊은 책이 될 것 같다. 참존화장품이 세계로 뻗어나가는 것과 발맞추어 러시아 등 세계의 독자들과도 새롭게 만날 예정이기 때문이다. 이미 초판은 영어와 중국어로 번역된 바 있는데, 그 책을 본 러시아 무역대표부의 미하일 본다렌코 대표가 러시아 젊은이들에게 꼭 선보였으면 좋겠다고 적극 제안했던 것이다.

지난 세월 참존의 청개구리 박사가 겪어온 실패와 성공, 절망과 희망, 좌절과 극복의 다사다난한 이야기가 세계의 독자들에게도 인생을 살아가는 데 좋은 나침반이 되길 간절히 바랄 뿐이다.

피보약국으로부터는 48년, 참존화장품으로부터는 30년이라는 긴 세월을 우리와 함께해온 모든 분들께 이 자리를 빌려 다시 한번 감사의 인사를 올린다.

2013년 3월

김광석

성공은 없다
오직 성공으로 가는 길만이 있을 뿐이다

두 번의 실패와 두 번의 성공. 그 빛과 어둠의 과정 속엔 45세라는 너무 늦은 나이의 출발이 있었다. 피부약 조제 전문을 내걸고 한창 주가를 올리던 '잘나가는 약사'에서 경찰에 쫓기며 퀘퀘한 골방을 전전하던 '갈 곳 없는 도망자' 신세로 추락했을 때 나는 또다른 출발을 꿈꾸었던 것이다. 그때 내 손에 쥐어져 있던 건 8억 3천만 원의 벌금과 임대료조차 버거웠던 허름한 공장, 그리고 고작 10명의 사원뿐이었다. 하지만 나에겐 큰 꿈을 꿀 수 있는 용기가 있었다.

그로부터 16년 후, 오늘의 참존은 전혀 새로운 모습으로 탄생했다. 1984년 참존화장품을 설립한 이래 3년 만에 손익분기점을 넘어섰고 5년 만인 88년에는 300퍼센트의 높은 성장률을 기록했다. 또 92년에는 세계에서 가장 까다롭다는 일본 후생성의 화장품 판매허가를 획득, 일본 시장에 국산화장품을 상륙시키는 개가를 올렸고 94~95년에는 아시아나와 대한항공에 국산화장품으로는 처음으로 기내 면세품으로 올랐다. 96년에는 한국생활용품 시험연구원에서 부여하는 품질보증 Q마크를 업계에서 최초로 획득했다. 99년에는 5백억 매출이라는 쾌거를 이뤄내기도 했다.

그러나 나는 여기서 참존의 성공 이야기만을 하고 싶지는 않다. 나의 인생 스토리를 옛이야기 들려주듯 늘어놓으려는 것도 아니고, 회사의 역사를 자랑스럽게 보여주려는 것도 아니다. 그보다는 45세의 나이에 세운 참존이 어떻게 여느 회사와 다르게 운영되고 있으며, 그것이 어떻게 나의 인생을 바꿔왔는지 솔직하게 말하고 싶을 뿐이다. 왜냐하면 지난 16년 동안 나의 인생을, 또 우리의 기업을 남들과는 100퍼센트 다르게 운영했기에 오늘 이 궤도에 올라설 수 있었다고 믿기 때문이다.

그것은 한마디로 '청개구리 경영방식'이었다. 다른 업체들이 색조화장품 등으로 품목을 늘려갈 때 기초화장품에만 모든 역량을 집중했고, 경쟁사들이 광고에 매달릴 때 샘플 홍보에만 나섰다. 업계 관행인 어음 거래 대신 철저한 현금 거래를 원칙으로 삼았으며 경영주가 직원들의 연봉을 조정하는 대신 직원들만으로 구성된 임금조정위원회를 통해 경영주의 연봉까지도 자율적으로 조정하도록 했다. '따라하기식의 경영'이 아니라 오히려 거꾸로 가는 '차별화 경영'을 통해 우리만의 색깔을 고집스럽게 찾아나갔고, 그것이 기업만이 아니라 인생까지도 성공의 문을 두드릴 수 있게 해주었던 원동력이었다.

내가 차별화 경영을 통해 궁극적으로 도달하고 싶었던 것은 '성공을 나누어주는 회사'였다. 나는 기업이라는 집을 받쳐주는 4개의 주춧돌은 바로 고객과 사원, 주주, 국가라고 생각한다. 그렇다면 성공 역시 이들과 함께 나누는 것이 당연하다. 내가 창업 당시 '부유한 대한민국'에서 따온 '부한화장품'을 회사명으로 삼았던 까닭도 여기에 있다. 부한화장품은 지난 93년 참존이라는 이름으로 바뀌었지만 그 근본 정신이 달라진 것은 아니다.

사람들은 이런 경영 방침 때문에 나를 청개구리에 비유하곤 한다. 하지만 나는 참존의 경영 방침이야말로 가장 원칙에 가까운 것이라고 믿는다. 틀린 것은 내가 아니라 그들이다. 다만 애꾸들이 사는 세상에선 두 눈이 멀쩡한 사람이 장애인 취급을 당하듯 원칙을 무시하고 사는 사람들이 많은 이 나라에서는 나 같은 사람이 청개구리로 여겨지는 것뿐이다.

이 나라가 근본부터 바뀌지 않는 한 나는 계속해서 '황소보다 고집 센 청개구리'로 남아 있게 될 것이다. 그러나 이왕이면 나를 능가하는 청개구리들이 더 많이 생겨나 하루빨리 이 별명을 버릴 수 있길 바란다.

내 이야기가 "튀지 마! 남들 하는 대로 해!" 하고 강요하는 세상에 의해 상처받고 주눅든 청개구리들에게 "당신은 틀리지 않

아. 당신이 옳다고 믿는 대로 행동해"라는 따뜻하고 힘찬 격려가 될 수 있었으면 좋겠다.

사실 나는 책을 낼 생각이 없었다. 그간 몇 번의 권유를 받았을 때도 그랬고 이번에 출판사로부터 제의를 받았을 때도 그랬다. 참존은 이미 성공한 것이 아니라 앞으로 더욱 성공해나가야 하기 때문이다. 우리에겐 오직 성공으로 가는 길만이 있을 뿐이다. 그러나 하루가 다르게 정신없이 변해가는 세상, 또 그 속에서 흔들리는 많은 기업과 사람들의 모습을 보면서 지금 이때가 참존에 대해 이야기하기 좋은 기회라고 마음먹었다.

지난 15년이 우리 참존의 제1기에 해당한다면 앞으로의 15년은 또 한번의 도약을 향한 제2기가 될 것이고, 그렇다면 이쯤에서 한번쯤 삶의 지도를 그려봐야 하지 않을까 싶었다. 특히 정직한 경영으로 어떻게 돈과 행복을 벌어들일 수 있는지를 보여주고 싶었다. 고객과 사원, 그리고 나를 포함해 모두에게 솔직하고 정직하게 생활함으로써 어떻게 제품이 세계적으로 인정받고 회사가 빠르게 성장할 수 있는지를 찬찬히 짚어보고자 하는 것이다. 아울러 오늘의 나와 참존이 있기까지 함께했던 모든 사람들을 오래도록 기억하고 싶었다. 그들이 없었다면 오늘의 나도, 또 참존도 없었다. 그들의 사랑이 있었기에 우리는 성공이란 선물을 받을 수 있었다. 때문에 이제부터는 우리의 성공이 그들에게 되돌려져야 한다고 믿는다. 왜냐하면 사랑과 성공은 그렇게 나눌수록 커지는 까닭이다.

　끝으로 이 책이 세상의 빛을 볼 수 있도록 애써주신 모든 분들께 진심으로 감사의 마음을 전하는 바이다.

2000년 11월

김광석

3장

5장

1장

◇◇◇◇◇ 새초롬 - "남의 꽁무니를 따라가지 않고 나만이 독창적으로 개발해온 것들에 대해 희열을 느낍니다. 물론 희열이 클수록 실패할 가능성도 높지만 그게 바로 모험과 도전의 매력 아니겠습니까? 늘 새롭고 독창적인 것을 추구하는 참존의 청개구리 정신이지요."

01 가난은 곧 희망과 꿈의 재료이다
바로 거기서부터 출발해라

| 베풂의 부자가 되어라 |

사람들은 나를 가리켜 '청개구리 박사'라고 부른다. 경쟁사들이 광고에 매달릴 때 샘플 홍보에만 나섰고 다른 업체들이 색조화장품 등으로 품목을 늘려나갈 때 고집스럽게 기초화장품에만 몰두했다. 업계 관행인 어음 거래 대신 철저한 현금 거래를 원칙으로 삼았으며 사장이 사원들 월급을 책정하는 것과는 반대로 사원들이 사장 월급을 책정하도록 했다. 모든 부분에서 기존 틀을 파괴하는 '청개구리 경영'. 그것은 45세의 적지 않은(아니, 너무 늦은) 나이에 시작한 참존화장품을 오늘날의 모습으로 일궈낸 원동력이었다.

그 힘을 얻기까지 내겐 긴 어둠의 터널이 있었다. 피보약국의 '잘나가던 약사'가 경찰에 쫓기는 '도망자' 신세로 추락했고 승승가도를 달리던 회사가 난데없는 부도 위기설로 곤두박질치기도 했다. 그런데 이상하게도 그렇게 바닥을 향해 끝없이 내려갈 때마다 나는 항상 어린 시절의 가난이 떠올랐다. 무엇 하나 변변히 가진 것 없는, 그야말로 지독스런 가난. 너무 없어

오히려 홀가분하기까지 했던 밑바닥 인생. 하지만 그랬기에 나는 꿈꿀 수 있었다. 컴컴한 물속에서 올챙이로 태어나, 곧이어 뒷다리와 앞다리가 생긴 청개구리로, 그다음엔 온전한 청개구리가 되어 뭍으로 뛰어올라가는 모습을 말이다. 그리고 언제나 가난과는 정반대로 거꾸로 뛸 준비가 되어 있는, 그러나 결코 가난을 잊지 않는 청개구리가 되리라 마음을 다지고 또 다졌다. 내 인생의 팔 할은 바로 가난이었기 때문이다. 그 가난은 오늘날의 참존을 일으켜 세운 든든한 기둥이기도 했다.

할아버지에게서 아버지에게로, 아버지에게서 다시 내게로 대물림된 가난

한국전쟁의 여파가 채 가시기 전인 1953년 늦가을 무렵의 일이다. 일요일이었던 그날은 경남 하동군의 30여 개 초등학교 대표들이 모여, 지리산 빨치산 토벌을 위해 화개에 주둔해 있던 군부대로 위문 공연을 가기로 한 날이었다. 우리 학교도 학예회에서 호평을 받았던 연극을 가지고 위문 공연에 참가하기로 했다.

당시 6학년이었던 나는 연극의 주인공을 맡아 가슴이 부풀 대로 부풀어 있었다. 연극도 연극이지만 하동읍에서 화개면까지

60리 길을 차를 타고 간다는 사실이 나를 마냥 들뜨게 했다. 차 한번 얻어 타기가 하늘의 별 따기보다 어렵던 시절이었으니 그럴 법도 했다.

"내일 아침 8시에 군부대에서 트럭을 보내기로 했다. 한 사람도 늦지 말고 8시까지 학교에 모이도록 해라."

전날 연극 담당 선생님의 당부가 있었던 터라 나는 여느 날보다 일찍 일어나 나무 한 짐을 뚝딱 해치웠다. 사실 나는 일요일이라고 해서 마음 놓고 놀 수 있는 처지가 아니었다. 평일이면 학교 가기 전에 한 짐, 방과후에 한 짐 해서 두 짐, 토요일이면 석 짐, 일요일이면 넉 짐씩 땔감으로 쓸 나무껍질을 벗겨 와야 했다. 하지만 그날은 아주 특별한 날인 만큼 어머니도 이해해 주시리라 믿었다.

서둘러 학교 갈 차비를 마친 나는 조심스레 어머니께 위문공연 이야기를 꺼냈다. 그러나 어머니는 첫 마디에 벌써 고개를 가로저으셨다.

"우리 형편에 연극이 다 뭐꼬? 니는 지금 한가하게 위문 공연 다닐 처지가 아니다. 오늘부터 몇 주 동안 너뱅이들에 나가서 일을 해야 겨우 올겨울에 먹을 김장을 담글까 말까 한데, 그게 무슨 소리고 말이다."

그 말을 듣는 순간 맥이 탁 풀렸다.

그 무렵 하동에는 가을이면 너른 들판 가득 배추와 무를 재배하는 너뱅이들이라는 곳이 있었다. 김장철이 다가오면 상인들은 너뱅이들에서 배추와 무를 밭떼기로 사들여 장배에 싣고 부산으로 팔려 나가곤 했다. 그때가 되면 너뱅이들에서 섬진강 장배까지 배추와 무를 날라다줄 일손이 아쉬워진다. 어머니 말씀은 나더러 너뱅이들에 가서 그 일을 거들고 품삯으로 김칫거리를 얻어 오라는 것이었다.

　"어머니, 저는 주인공이라서 절대로 빠지면 안 돼요. 그 일은 다음 주부터 할게요. 제발 보내주세요."

　아무리 애걸을 해도 어머니는 꿈쩍도 하지 않으셨다. 그때만큼 어머니가 미웠던 적이 없다. 팥쥐 엄마라고 해도 우리 어머니보다는 나을 것 같았다. 그러나 호랑이보다 무섭기로 이름난 우리 어머니가 한 번 안 된다고 하셨으니 도저히 거역할 도리가 없었다. 나는 코를 한 자나 빠뜨린 채 지게를 짊어지고 털레털레 집을 나섰다.

　그때였다. 위문단 아이들의 합창 소리와 함께 군용 트럭이 나타나더니 우리 집 앞에 멈춰 섰다. 조수석에 타고 있던 연극 담당 선생님이 나를 발견하고 차를 세운 것이다.

　"광석아, 니 지금 여기서 뭐하고 있노? 니가 없으믄 우리 학교는 위문 공연 못 하는 거 모르나?"

나는 쥐구멍이라도 있으면 기어들어가고 싶은 심정이었다. 얼굴이 화끈거려 고개를 들 수가 없었다.

내 행색을 보고 대충 상황을 짐작하신 선생님께서는 어머니를 불러내 설득하기 시작했다.

"광석이가 오늘 일해서 얼마를 벌지는 모르겠습니다만 지가 그 돈을 드리겠습니다. 그러니까 광석이 좀 보내주이소."

선생님이 무심코 던진 말은 오히려 어머니의 역정만 돋워놓고 말았다. 불난 집에 기름을 끼얹은 꼴이었다. 마음이 상할 대로 상한 어머니는 생전 하지 않던 눈물바람까지 하면서 속엣말을 털어놓으셨다.

"전들 왜 제 자식을 안 보내고 싶겠습니까. 저렇게나 가고 싶어하는데…. 하지만 우리 집 형편이 그렇지 못한 걸 어떻게 합니까."

그런 어머니를 보는 내 가슴은 미어졌다.

선생님은 그제야 실수했다는 것을 깨닫고는 태도를 바꾸어 사정하기 시작했다.

"저기 트럭에 타고 있는 애들 좀 보이소. 광석이가 안 가면 저 애들도 모두 내려야 됩니더. 지금 누가 그 긴 대사를 외워서 광석이를 대신하겠습니꺼."

"고마 데리고 가이소."

어머니 입에서 허락의 말이 떨어지는 순간 내 눈에선 주체할 수 없이 눈물이 쏟아져 내렸다. 할아버지에게서 아버지에게로, 아버지에게서 다시 내게로 세습된 가난이 치떨리게 싫어지는 순간이었다.

가난은 어린 나를 강하게 단련시켰다. 두드릴수록 더 단단해지는 무쇠처럼

가난이 싫었던 아버지는 일찌감치 고향을 떠나 일본 큐슈 지방의 탄광에서 광부로 일하셨다. 어머니와 결혼하기 위해 잠시 귀국했을 때를 빼고는 잠시도 탄광을 떠나본 적이 없는 아버지였다. 그것만이 가난을 벗어날 길이라고 믿었기 때문이다. 내가 태어나고 아버지가 사무직으로 자리를 옮기면서 우리 집 형편도 조금씩 나아지는 듯싶었다.

그러나 내가 여섯 살이 되던 해, 해방을 맞아 일본에서 돌아온 우리 가족은 다시 가난의 구렁텅이로 빠져들었다. 아버지가 수년간 뼈빠지게 일해서 모은 일본 돈이 해방과 더불어 휴지 조각으로 변해버린 탓이다. 외가가 있던 광양에 자리를 잡은 우리 가족은 당장 끼니조차 잇기 어려운 형편이었다.

생각다 못한 나는 주차장을 돌아다니며 까치 담배를 팔았다. 광양에서 아버지의 고향인 하동으로 옮겨 오면서 담배 장사는 우리 가족의 유일한 생계 수단이 되었다. 아버지와 내가 담배를 말아놓으면 어머니가 돌바기 동생을 업고 나가 팔았다. 하지만 벌이가 시원치 않아 광양에서부터 담배 장사로 이골이 난 내가 직접 목판을 메고 응원을 나가야 할 때도 많았다.

아버지가 읍사무소에 임시 직원으로 채용되면서 담배 장사에서 놓여나나 했더니 이번엔 나무껍질 벗기는 일이 기다리고 있었다. 당시 하동에는 지리산에서 베어낸 나무를 목재로 다듬어 부산으로 보내는 제재소가 많았다. 운송 수단이 마땅치 않던 시절이라 베어낸 나무는 뗏목으로 엮어 섬진강을 통해 날라 오곤 했다. 뗏목이 도착하면 섬진강에 나가 나무껍질을 벗겨오는 게 나에게 주어진 새 임무였다.

나무껍질 벗기기는 여름이면 그나마 견딜 만했지만 찬바람이 불기 시작하면 그것만큼 괴로운 일이 또 없었다. 겨우내 홑옷바람으로 나무껍질을 벗기러 다니다보면 추운 건 둘째치고 손발이 거북이 등딱지처럼 갈라져 너무 쓰라렸다.

어린 나까지 나서서 이렇게 죽기 살기로 일을 하는데도 가난을 벗어나기란 쉽지 않았다. 우리 형제들은 월사금을 못 내 학교에서 쫓겨 오기가 예사였고, 온 식구가 끼니조차 잇지 못하는 날도 많았다. 그럴 때마다 친척집을 돌아다니며 식량을 꾸어 오는 것도 내 역할 중 하나였다. 하지만 모두가 어렵던 시절이라 선선히 식량을 내주는 경우는 아주 드물었다. 심지어는 끼니때가 되어도 밥 한술 안 주고 돌려보내는 친척도 있었다. 하루는 허탕을 치고 돌아오는 길에 배가 너무 고파 무 장다리를 꺾어 먹고 복통을 일으켜 길바닥에 쓰러진 적도 있었다.

아이들이 빤히 지켜보는 가운데 어머니가 선생님과 실랑이를 벌여야 했던 것도 모두 그 지긋지긋한 가난 때문이라는 생각이 들자 나도 모르게 설움이 복받쳤던 것이다. 서러운 기억들이 하나둘 떠오르면서 도저히 울음을 멈출 수가 없었다. 그런데 말끔하게 차려입고 트럭에 올라앉아 있는 아이들을 보는 순간 거짓말처럼 눈물이 쏙 들어갔다.

'그래, 지금은 이렇게 가난에 찌들어 있지만 진짜 시작은 바로 이제부터야. 내 힘으로 내 인생을 스스로 살아갈 때는 오히려 너희들이 나를 부러워하게 만들 거야. 두고 봐!'

가난은 그렇게 어린 나를 강하게 단련시켰다. 두드리면 두드릴수록 점점 더 단단해지는 무쇠처럼.

그 후 아버지가 주류 도매상을 시작하면서 우리 집도 조금씩 형편이 나아지기 시작했다. 중학교 3학년이 되자 도시의 고등학교로 유학갈 수 있을 정도까지 되었다. 영원히 헤어날 수 없을 것 같던 가난이 막을 내린 것이었다.

당당함과 고집스러움은
나의 삶을 지탱하는 희망의 재료였다

　　　　　　　　　　돌이켜 보면, 가난한 부모가 나에게 물려준 것은 절망과 고통만이 아니었다. 그 절망과 고통을 딛고 일어설 수 있는 사랑과 용기도 함께 들어 있었다. 어두운 밤의 터널 끝에 매달려 있는 새벽의 밝은 빛, 절망의 용수철을 밟고 튀어오르면 만나게 되는 투명한 희망. 그것으로 향하는 방법을 내게 잊지 않고 가르쳐주었던 것이다.

　한 평 남짓한 친척집 웃방살이를 하면서도, 수업료가 몇 달째 밀려 집으로 쫓겨 온 아이들을 보면서도, 살을 에는 한겨울 새벽녘 강가에서 나무껍질을 벗겨 오는 코흘리개 남매를 보면서도 결코 어머니는 눈물을 보이신 적이 없다. 그 마음이 오죽했으랴만 당신이 흔들리면 어린 자식들에게 상처를 입힐까 오히려 당당한 모습으로 우리를 채찍질하셨다.

　그랬던 어머니가 우리 앞에서, 그것도 목 놓아 대성통곡한 일이 딱 한 번 있었다. 6·25 사변이 일어난 직후였다. 북한군이 물밀듯이 쳐들어오자 우리 가족도 피난을 떠나지 않을 수 없었다. 그런데 피난 갔다 다시 돌아와보니 폭격을 맞았는지 집이 다 불타고 까만 재만 남아 있었다. 번듯한 집도 아니고 그저 오막살이일 뿐이었지만 그래도 터만 남은 채 황량하게 드러누운 잿더미가 우리를 허탈하게 만들었다. 그때 어머니는 울부짖으셨다.

"집 탄 거는 하나도 안 아깝다. 우리 광석이랑 어린 점이가 신새벽마다 얼음장 같은 강물 헤치고 바리바리 해다 놓은 나무껍데기가 홀랑 타버렸으니, 이를 우짤끼고! 내, 그 어린 것들 새벽마다 내보내면서 얼매나 가슴 에렸는데… 곱은 손을 호호 불어가며 나무껍데기 쌓아놀 때마다 가슴으로 얼매나 울었는데…."

생전 처음 속내를 드러내며 꺼억꺼억 우시면서 "집 탄 거는 하나도 안 아깝다. 집 탄 거는 하나도 안 아까워…"를 몇 번이고 곱씹으셨다. 늘 당당함을 잃지 않던 어머니의 그 통곡 속에서 나는 끝없는 사랑의 깊이를 읽어낼 수 있었다. 그리고 한때는 너무도 원망스러웠고, 또 한때는 몹시도 절망스러웠던 어머니의 당당함이 나에겐 곧 희망과 꿈의 재료가 될 수 있음을 깨달았다.

어머니의 당당함이 나에게 강인함을 심어주었다면 가난한 나의 아버지는 절약이란 게 뭔지를 몸으로 보여주었다. 가난하게 살 때야 두말할 것도 없지만 어느 정도 경제적으로 여유로워졌을 때도 아버지는 절대로 허투루 돈을 쓰지 않았다. 담배를 피우실 때도 꼭 제일 싼 담배를 샀고, 그것도 면도칼로 두 동강이를 내서 피우곤 하셨다. 아버지가 피운 재떨이엔 꽁초가 남아 있는 법이 없었다. 남은 담배가루는 전부 모았다가 파이프에 넣고는 끝까지 태우셨다.

한번은 이런 일도 있었다. 내가 중학교를 마치고 부산공고 기계과를 다닐 때였다. 첫 여름방학을 맞아 집에 오니 어머니가 큰아들 왔다며 모처럼 소고기국을 밥상에 올리셨다. 그런데 아버지가 대뜸 호통을 치는 것이었다.

"왜 이리 풍창거리지? 소고기국이 맛있는 거 누군들 모르나. 하지만 우리 광석이가 이제 1학년을 반도 못 마쳤어. 그런데 이렇게 풍창거리면 어떻게 하겠다는 거야? 부러 3년은 좀 참아야지. 애가 졸업한 뒤 지가 월급 탄 돈으로 사 온 소고기로 그때 맛있게 먹으란 말이야. 그때까지 참아야지."

그러고는 국그릇을 밥상 아래로 싹 내려놓으셨다. 얼핏 든 생각은, 참 너무하신다였다. 이젠 우리도 살 만큼 사는데 굳이 이럴 필요까지 있나 싶었다. 그럼에도 아버지에게 굴복할 수밖에 없었던 건 그분의 변함없는 생활 태도 때문이었다. 가난할 때나 풍족할 때나 한결같았다. 가난하다고 해서 더 구차해지지도 않았고, 조금 풍족해졌다고 해서 더 흥청거리지도 않으셨다. 돌아가시던 그날까지 늘 꽁초가 남아 있지 않던 아버지의 재떨이. 거기서 나는 삶의 고집스러움을 배울 수 있었다.

베풂의 부자가 되어라

♕ 이 세상에 우리 어머니처럼 무섭고 엄격한 분이 또 있을까. 한 번 안 된다고 한 일은 목에 칼이 들어와도 절대로 용납하지 않았다. 언젠가 어렸을 적에 뭔가를 아주 크게 잘못해서 어머니께 된통 혼이 났던 적이 있다. 그때 어머니는 엄동설한 한겨울 밤에 옷을 몽땅 벗겨 나를 문밖으로 쫓아냈다. 너무나 추웠던 나는 한동안 벌벌 떨다가 그대로 쓰러졌다. 하지만 어머니는 결코 방문을 열지 않았다. 지금 새삼 돌이켜보면, 어머니의 엄격함이 나를 더욱더 강인하게 만들었던 것 같다.

또 어머니는 살림에 있어서만큼은 둘째가라면 서러울 정도로 깍쟁이고 구두쇠였다. 집안 살림이 어려웠으니 당연히 더 그러셨겠지만, 무엇 하나 허투루 쓰시는 모습을 본 적이 없다. 그러던 어머니가 어느 순간부터 바뀌기 시작했다. 아마 집안 형편도 웬만큼 살 만해지고 우리 자식들이 공부를 마치고 다들 제 갈 길을 찾아가기 시작했을 무렵이었던 듯싶다. 주머니에 꽁꽁 묻어두었던 쌈짓돈을 풀어 가난한 사람, 또 어려운 일에 아낌없이 썼다.

아버지가 돌아가셨을 적에 우리는 남은 유산을 어떻게 처리할까 고민하다가 자식들이 골고루 나눠 가지는 대신 재산을 모두 처분해서 어머니에게 드리기로 결정했다. 어머니 명의의 통장을 만들어 어머니 살아 계실 때 원하시는 대로 다 쓰고 가시도록 하자는 뜻이었다. 그런데 어머니는 그 돈을 몽땅 남을 위해 썼다. 평소 다니던 절에 다리가 끊어졌다고 하면 새로 다리를 놓아주었고, 집안이 가난해서 제대로 공부하지 못하는 아이들에겐 선뜻 장학금을 내놓았다.

그 어머니가 항상 나에게 해주셨던 말이 있다. 요새도 문득문득 생각나곤 한다.

"윗사람은 베풀어야 된다. 그렇게 안 하면 윗사람이 될 자격이 없는 거다. 그리고 남에게 뭔가를 베풀 때는 결코 되받을 생각을 해서는 안 된다. 그건 진심으로 베푸는 것이 아니다. 내 손에서 떠난 것은 이미 그것으로 끝났다고 생각해라. 다시 거둬들일 마음일랑 절대 품지 말아라."

어머니는 나에게 진정 아끼는 것이 무엇인지, 또 베푸는 것이 무엇인지를 몸소 가르쳐주신 분이다.

02 희망의 열쇠는 어디에나 떨어져 있다 다만 우리가 보지 못할 뿐이다

| 도전의 부자가 되어라 |

"내 다리 물어내! 내 다리 물어내라구!"

인현동 스카라 극장 앞 골목에 '보건당'이라는 자그마한 약국을 열어놓고 피부병에 잘 듣는 외용약 개발에 골몰하고 있을 때였다. 하루는 한 사내가 고래고래 고함을 지르며 약국 문을 박차고 들어왔다. 일주일쯤 전에 만성습진으로 10년째 고생하고 있다는 말을 듣고 시험 삼아 발라보라며 내가 만든 외용약을 줘서 보낸 사내였다.

사내는 한눈에 보기에도 다리를 심하게 절룩이고 있었다. 나는 눈앞이 노래지는 것 같았다. 외용약이 부작용을 일으킨 게 틀림없었다.

"당신이 준 연고 바르고 밤잠을 못 잘 정도로 아파서 병원에 갔더니 다리를 잘라내야 된대. 그냥 놔두면 독이 온몸으로 퍼져서 죽을 수도 있대. 이게 다 그 연고 때문이야. 당신 이제 어떻게 할 거야? 어떻게 책임질 거냐구?"

사내는 아픈 다리를 판매대 위에 올려놓고 악다구니를 쳐댔다.

"죄송하지만 제가 다리를 좀 볼 수 있을까요?"

나는 애써 태연한 표정을 지으며 물었다.

"그래, 봐! 실컷 보라구!"

사내는 신경질적으로 바지를 걷어올렸다. 나는 떨리는 손으로 조심스레 상처를 덮고 있는 거즈를 걷어냈다. 순간 내 입에서는 안도의 한숨이 새어나왔다. 다리의 상처는 분명히 차도를 보이고 있었다. 상처 밑에서 발갛게 새살이 올라오고 있는 게 보였다.

"안심하세요. 다리는 잘라내지 않아도 될 것 같네요. 여기 새살 올라오는 거 보이시죠? 그동안 곪고 곪았던 습진의 뿌리를 뽑아내느라 그렇게 아팠던 겁니다. 일주일만 참아보세요. 그러면 틀림없이 완치될 겁니다."

사내를 설득해서 돌려보낸 뒤에도 내 마음은 편치 않았다. '만에 하나 잘못되면 어떻게 하나' 하는 생각으로 하루하루가 지옥 같았다. 아내는 아내대로 걱정이 이만저만이 아니었다.

"그냥 남들 하는 대로 하지. 괜히 조제약인지 뭔지 만든다고 고생만 실컷 하고 이게 무슨 꼴이에요. 그 사람 일주일 후에도 안 나으면 어떡해요?"

아내가 걱정스레 던진 말은 그대로 날 선 비수가 되어 가슴에 꽂혔다. 그동안 수많은 사람들이 '남들 하는 대로 하라'고 충고를 해왔지만 아내에게서 듣는 그 말은 또 달랐다. 아내는 내가 남과 다른 길을 선택하게 만든 장본인이자 다른 사람들이 모두 나를 손가락질할 때 유일하게 나를 믿고 따라준 조력자였기 때문이다.

내 인생의 행로를 바꿔놓은 아내의 눈물,
'그래, 남은 인생 30년을 걸고 뭔가 하나를 이룩하자'

1966년 성균관대학교 약학대학을 졸업한 나는 제약회사 입사 시험에서 한 차례 고배를 맛본 뒤 바로 약국 개업을 결심했다. 그해 5월 인현동 스카라 극장 앞 골목에 있는 보건당 약국을 인수했고, 사실 그때까지만 해도 나는 세상에 겁날 게 없었다. 약국만 개업하면 만사형통일 거라 굳게 믿었던 까닭이다.

하지만 그런 나의 믿음은 개업 첫 달부터 여지없이 무너져내리기 시작했다. 골목 초입에 약국이 두 군데나 있어서 사람들이 골목 안에 있는 우리 약국까지 약을 사러 올 일이 없었던 것이다. 외상으로 갖춰놓은 약에는 먼지만 뽀얗게 쌓여가고 빚은 나날이 늘어만 갔다.

보다 못한 어머니는 내 혼사를 서두르기 시작했다. '결혼을 시켜놓으면 안사람 보기 민망해서라도 정신을 바짝 차리지 않을까' 싶으셨던 모양이다. 당시 나는 사귀는 사람이 따로 있었지만 어머니는 이미 하동군에서 제일가는 유지의 맏딸이었던 아내에게 마음이 기울어져 있었다. 내가 사귀고 있는 아가씨 얘기를 꺼내자 펄쩍 뛰면서 반대를 하셨다.

"뭐라구? 이화여대 영문과를 나온 아가씨라 했나? 거기다가 막내라고? 그런 아가씨가 우리 집 맏며느리 노릇을 잘도 하겠다. 맏며느리 노릇은 아무나 하는 줄 아나? 어림없다."

"그래도 결혼은 지 좋은 사람하고 해야 되는 거 아입니까? 지는 그 아가씨 아니믄 결혼 안 할랍니다."

"광석이 니 참말로 세월 좋대이. 니가 지금 연애나 걸고 다닐 때가? 솔직히 니 가치를 지금 그만큼 올려놓은 게 누꼬? 내가 니 초등학교만 보내고 말았으면 니는 기껏해야 면서기 아니면 농사꾼이나 하고 살았을 끼다. 그랬으면 니가 언감생심 하동 최고 유지집 맏딸을 대보기나 했겠나? 지금 니한테는 그 집 딸도 과분하다."

"솔직히 제가 지금까지 제 마음대로 한 게 뭐가 있습니까? 결혼만이라도 제 마음대로 하게 해주이소."

나름대로 항변을 해보았지만 어머니에겐 씨도 안 먹힐 소리였다.

"머리가 다 빠지도록 동이동이 술 이어다가 대학 보내고 약국까지 차려줬더니 하는 소리 좀 보소. 니가 이때까지 니 마음대로 안 한 건 또 뭐가 있노? 니가 정 그 아가씨하고 살고 싶으믄 그렇게 해라. 대신 니하고 내하고 부모 자식 인연 끊자."

사실 어머니는 우리 7남매를 먹이고 입히고 가르치기 위해 안 해본 일이 없으셨다. 그 시절 어머니들치고 그렇지 않은 분이 어디 있을까만은 그중에서도 우리 어머니는 더 유달리 억척스러우셨다.

내가 여섯 살 나던 해까지 일본에서 살다가 해방 직후에 귀국한 우리 가족은 어머니의 억척이 없었다면 입에 풀칠하기조차 어려운 형편이었다. 아버지가 수년간 큐슈 지방의 탄광에서 일해 모은 돈이 해방과 더불어 휴지조각으로 변해버렸기 때문이다.

일본에서 돌아와 아버지의 고향인 하동에 정착한 우리 가족은 궁여지책으로 담배 장사를 시작했다. 아버지와 내가 담배를 말아놓으면 어머니가 돌박이 동생을 업고 장에 나가 팔아오셨다. 때로 내가 담배 목판을 메고 나가 지원사격을 했지만 장사는 주로 어머니 몫이었다.

그 후 주류 소매상을 시작해 도매상으로 자리를 잡기까지 어머니의 고생은 이루 말로 다 할 수 없을 정도였다. 우리 집이 하동군에서 행세깨나 하고 살게 된 데에는 누구보다 어머니의 공이 컸다. 그런 어머니가 의절까지 들먹이며 반대를 하고 나서는 데야 당해낼 재간이 없었다.

떠밀리다시피 결혼을 하고 얼마 지나지 않아서였다. 처가 쪽 친척집에 갔던 아내가 시무룩한 얼굴로 돌아와서는 저녁때가 돼도 방에서 나올 생각을 하지 않았다. 슬그머니 방 안을 들여다봤더니 아내는 좁은 방 안에 모로 누워서 훌쩍훌쩍 울고 있었다. 잘사는 친척들을 만나고 오니 우리 사는 꼴이 더욱 한심한 모양이었다.

신랑이 서울에서 대학을 나온 유능한 약사라고 해서 시집을 왔더니 약국은 날마다 파리만 날리고 있지, 제약회사에서는 하루 걸러 한 번씩 들이닥쳐 약값 독촉을 하지, 신혼방은 대낮에도 햇볕 한 점 안 드는 두더지 굴이지, 반 평 남짓한 부엌은 재래식 화장실과 붙어 있어 비만 오면 오물이 부엌으로 넘어 들어오지, 고생이라고는 모르고 자란 아내에게 지옥이나 다름없는 생활일 터였다.

가늘게 떨리는 아내의 등을 바라보는 내 심정은 비참하기 이를 데 없었다. '대체 내가 뭐기에 남의 집 귀한 딸을 데려와서 이 고생을 시키나' 하는 자책감이 물밀듯이 밀려왔다.

그날 나는 밤이 깊도록 잠을 이룰 수가 없었다.

감은 두 눈 위로 고생스러웠던 어린 시절의 기억들이 주마등처럼 스쳐 지나갔다.

일곱 살 나던 해부터 목판을 메고 장 마당을 돌아다니며 담배를 팔던 일. 초등학교에 들어가면서부터 새벽에 한 지게, 방과후에 한 지게씩 땔감으로 쓸 나무껍질을 벗겨와야 했던 일. 친척집에 식량을 꾸러 갔다가 밥 한끼 못 얻어먹고 빈손으로 돌아오던 길에 너무 배가 고파 무 장다리를 꺾어 먹고 위경련을 일으켜 기절했던 일. 월사금을 못 내서 수업도 못 받고 쫓겨 왔던 일.

그때마다 반드시 성공하고 말겠다고 이를 앙다물던 나였다. 그러던 내가 조금 살 만해졌다고 어느새 마음이 해이해졌구나 싶었다.

순간 가슴속에서 결기 같은 게 치밀어올랐다.

'그래, 남은 내 인생 30년을 걸자. 환갑이 되는 그해까지 남들 앞에 떳떳이 내보일 수 있는 무언가를 하나 이룩하자.'

그렇게 마음을 먹고 나니 조금 여유가 생겼다.

'3년도 아니고, 10년도 아니고, 30년인데 뭔들 못 하겠는가.'

컴컴한 우물 속에서도 푸른 하늘을 보아라.
빛은 어둠이 있기에 더 빛난다

그때부터 자나깨나 약국을 살려낼 방법을 궁리하기 시작했다.

'뭐가 좋을까? 나만의 특별한 뭔가를 만들어낼 방법은 없을까?'

아무리 생각해봐도 우리 약국이 살 길은 다른 약국에는 없는 특별한 조제약을 만들어 파는 것밖에 없었다. 하지만 문제는 어떤 조제약을 만드느냐는 것이었다. 나는 며칠 밤을 뜬눈으로 새우며 고민하던 끝에 하나의 결론에 도달했다.

'맞아, 그거야! 피부병을 고치는 조제약!'

그 무렵 우리나라엔 1964년 동경 올림픽에 참가했던 사람들이 옮아왔다고 해서 '왜옴'이라고 불리던 피부병이 유행하고 있었다. 왜옴은 전염 속도가 무척 빠를 뿐만 아니라 한 번 옮으면 좀처럼 낫지 않는 고질병이었다.

나도 왜옴이 옮아 약국에서 팔던 연고를 이것저것 발라보았지만 살만 짓무르고 효험은 전혀 보지 못했다. 그러던 어느 날 한 번씩 발라보고 구석에 던져두었던 연고를 모두 섞었다. 그리고 내 피부에 직접 발랐는데, 뜻밖에도 조금씩 차도를 보이기 시작했다. 나는 한 발짝 더 나아갔다. 혼합한 연고에 사루친산 가루며 유황가루 따위를 더 보태 발라보았다. 그러자 좋다는 연고를 다 발라봐도 차도가 없던 왜옴이 씻은 듯이 나았다.

 그 경험을 살려 피부병에 잘 듣는 외용약 개발에 도전하기로 마음먹었다. 왜옴을 앓으면서 느낀 것이지만 당시 우리나라에는 이렇다할 피부병 치료제가 없었다. 그런 상황에서 효과가 탁월한 외용약을 개발해 내놓는다면 충분히 승산이 있겠다 싶었다.

 외용약은 내복약에 비해 위험부담이 적다는 것도 나의 결심을 부추기는 요인 가운데 하나였다. 속된 말로 약을 잘못 발라서 사람이 죽는 일은 없다. 설사 부작용이 생기더라도 내복약보다는 덜 위험할 거라는 믿음이 있었던 것이다. 또 내복약은 환자의 입을 통해서만 효능을 확인할 수 있지만 외용약은 직접 눈으로 효능을 확인할 수 있다는 점도 매력적이었다. 물론 그런 가시적인 효과가 약국 선전에 많은 도움이 될 것이라는 계산도 담겨 있었다.

 나는 당장 피부과 전문서적들을 펼쳐놓고 연구에 들어갔다. 하지만 본격적으로 피부 연고를 조제하려고 들자 필요한 약품이 한두 가지가 아니었다. 피부과 전문서적에서 뽑아낸 원료약품만 해도 무려 50여 종이 넘었다. 우선 필요한 약품들을 하나하나 갖춰나가는 게 급선무였다. 당시 조제약 원료 전문 수입업체로 유명했던 정원약품을 찾았다. 그런데 내 손에 들어온 약품은 고작 5가지.

"도대체 뭘 만드실려고 이렇게 많은 약품들을 구하세요? 하지만 이걸 어떡하죠, 저희 집엔 이것밖에 없는데요. 아마 모르긴 해도 저희 집에서 구하지 못하면 다른 데서도 구하시기 어려울 겁니다."

꿈이 너무 컸던 탓일까, 너무나 허탈했다. 도저히 이것만 갖고는 어떻게 해볼 엄두가 나지 않았다. 이제 어떻게 해야 하지? 여기서 다시 꿈을 접어야 하나? 마음 한편 그렇게 절망스러우면서도, 또 한편으론 오히려 새로운 희망 같은 게 보였다.

'우리나라 약사들이 그 5가지 약품만 갖고 모든 피부병 치료제를 조제해왔다? 그렇다면 이건 분명 승산이 있는 일이다. 많은 데서 최고를 만들어내는 것보다 없는 데서 최고를 만들어내는 게 훨씬 쉬우니까. 최초이자 최고를 만들어낸다면 틀림없이 성공할 수 있어.'

나는 속으로 쾌재를 불렀다. 더 많은 원료 약품을 사용해 더 좋은 치료제를 만든다면 성공은 따놓은 당상이라는 생각이 들었다. 남들이 가지 않은 새로운 길, 그것이 비록 어렵고 힘들더라도 그 새로운 길을 찾아냈다는 사실만으로도 너무나 기뻤다.

나는 그 길로 을지로 2가에 있는 화공약품 시약점으로 달려갔다. 다행히 그곳에는 내가 찾던 원료 약품이 30가지쯤 갖춰져 있었다. 나는 주머니 사정이 허락하는 대로 25가지 정도를 구입해 집으로 돌아왔다. 내복약이라면 또 모르겠지만 외용약은 화공약품점에서 구한 원료를 사용해도 크게 무리가 없을 것 같았다.

그날부터 나는 아내를 조수 삼아 외용약 개발에 몰두했다. 실험을 하느라 밤을 꼬박 지새는 날도 많았다. 당시 이웃에서 제법 큰 약국을 하던 대학 동창은 그런 나를 보며 혀를 끌끌 차곤 했다.

"쯧쯧, 내외간에 이게 무슨 고생이야. 너는 약에 대해서 별로 알지도 못하면서 무슨 연구를 한다고 이 야단이냐? 유별나게 굴지 말고 그냥 남들 하는 대로 해."

나는 아랑곳하지 않았다. 남산을 오르는 사람과 에베레스트 산을 오르는 사람은 마음가짐부터가 다르다. 나는 에베레스트 산을 오르기로 작정한 사람이었다. 정상에 올라서기 위해서라면 당장의 고생쯤은 참아낼 각오가 되어 있었다.

아내 역시 불평 한마디 하지 않고 묵묵히 내 일을 거들어주었다. 그제야 나는 아내를 선택한 어머니의 판단이 옳았다는 것을 깨달았다.

나는 외용약이 완성되자마자 약국 창문에 '피부병에 잘 듣는 조제약 있습니다'라고 적은 광고판을 내걸었다. 광고판을 보고 문의를 해오는 손님이 있으면 무슨 수를 써서라도 내가 만든 외용약을 발라보게 했다. 물론 돈은 받지 않았다. 공짜였다. 참존의 샘플 전략은 그때 시작되었던 것이다. "내 다리 물어내"라며 찾아왔던 사내도 그런 손님 가운데 하나였다.

남산을 오르는 사람과 에베레스트 산을 오르는 사람은 그 마음가짐부터가 다르다

사내가 다녀간 뒤로 나는 하루에도 몇 번씩 희망과 절망 사이를 오르내려야 했다. 그간의 노력이 물거품이 되느냐 마느냐는 모두 그 사내에게 달려 있었다. 평생처럼 길었던 일주일이 지나고 사내에게 약속했던 날이 왔다. 나는 멀쩡히 약국 문으로 걸어 들어오는 사내를 보는 순간, 만세라도 부르고 싶은 심정이었다. 사내는 희색이 만면한 얼굴로 친구까지 대동하고 나타났다.

"선생님, 지난주에는 정말 죄송했습니다. 선생님 말씀이 옳았어요. 다리가 썩어 들어가기는커녕 10년 동안 달고 다니던 만성습진이 씻은 듯이 나았지 뭡니까. 선생님이야말로 진짜 명의

십니다. 이 친구도 피부병 때문에 고생을 하고 있는데, 선생님께서 좀 봐주세요."

거칠게 내뱉던 '당신'이란 말 대신 깍듯하게 예의 갖춘 '선생님'이란 호칭을 들으면서 나는 성공을 예감할 수 있었다.

그 일로 자신감을 얻은 후 외용약 샘플을 만들어 나눠주면서 적극적으로 약국을 알려나갔다. '보건당'이라는 약국 간판도 '피부를 보호한다'는 뜻의 '피보약국'으로 바꿔 달았다.

외용약으로 인정을 받은 나는 곧이어 내복약 개발에도 박차를 가했다. 열 번 아니면 스무 번, 그것도 아니면 백 번씩… 최고 450번까지 처방전을 이리저리 고쳐가며 연구에 연구를 거듭했다. 그렇게 만든 내복약은 외용약 못지않은 효능을 보여주었다.

조제약에 들어가는 원료 약품만 해도 25가지에서 무려 150여 가지로 늘어났다. 점차 피부병 전문 약국다운 면모를 갖춰나갔다. 그 사이 피보약국은 피부에 관한 한 못 고치는 병이 없는 약국으로 입소문이 퍼져나갔고, 그러면서 하루가 다르게 자리를 잡을 수 있었다. 나의 무모함을 비웃으며 '남들 하는 대로 하라'던 주변 사람들의 충고가 무색해지는 순간이었다.

모택동은 부정적인 것을 보고 긍정적으로 개선할 때 그 부정적인 것을 '반면교사(反面教師)'라고 불렀다. 바보를 보고 '저런 바보는 되지 말아야지'라고 했다면 그 바보가 바로 반면교사인 셈이다. 나의 반면교사는 다수가 선택한 길을 따라가는 것이 최선이라고 믿는 주변 사람들이었다. 피보약국 때도, 참존 때도 나는 언제나 남과 다른 나만의 것을 찾기 위해 노력해왔다. 그런 노력이야말로 오늘날의 나를 있게 한 가장 큰 힘이었다.

도전의
부자가 되어라

♛ 우리에게 손기정과 황영조 같은 마라토너가 있다면 에티오피아에는 '맨발의 마라토너' 아베베가 있다. 비킬라 아베베는 역대 마라톤 선수 가운데 가장 유명하다. 하지만 그의 영웅성은 단순히 그가 두 번의 올림픽에서 마라톤 금메달을 따냈다는 데 있지 않다.

1960년 로마 올림픽에서 그는 맨발로 역주, 2시간 15분 16초의 기록으로 당당히 우승의 월계관을 머리에 썼다. 그로부터 4년 뒤 아베베는 다시 도쿄 올림픽 스타디움에 나타났다. 이번엔 맨발이 아닌 운동화를 신고 뛰었는데 2시간 12분대로 테이프를 끊으면서 올림픽 사상 최초로 마라톤 2연패의 위업을 달성했다.

그러나 그도 불행의 그림자를 빗겨갈 수는 없었다. 69년 불의의 교통사고를 당하는 바람에 그만 척추장애를 입고 말았던 것이다. 아베베는 마라토너의 생명인 두 다리를 잃고 나서도 결코 희망의 미소를 잃지 않았다.

"두 다리를 잃었지만 아직도 내겐 건강한 두 팔이 있다."

불의의 교통사고도 그를 굴복시키지 못했던 것이다. 그 후 장애를 딛고 부지런히 두 팔의 힘을 단련시켰고, 마침내 노르웨이에서 열린 장애자올림픽 썰매 경주에 또다시 도전해 우승의 영예를 안았다. 그것은 마라톤 2연패의 위업보다 훨씬 더 고귀한 인간 승리의 위업이었다.

밤이 가면 새벽이 오는 것이 자연의 순리이듯, 성공과 실패가 오고가는 것 또한 인생의 순리이다. 많은 사람들이 인생에서 실패를 맛보는 것은 그 밤을 견디지 못하고 미리부터 포기해버리기 때문이다. 또한 실패를 거듭하는 것은 그 밤을 통해 배운 것을 제대로 운용하지 못하기 때문이다.

두 다리를 잃었을 때 두 팔이 건강함을 기쁘게 생각했던 아베베. 그는 분명 어두운 밤 뒤에 숨어 있는 눈부신 태양빛을 볼 줄 알았던 사람이다. 빛을 예감할 수 있었기에 그 어떤 순간에도 결코 절망하지 않았다. 빛을 예감할 줄 아는 지혜, 나 또한 항상 그것을 배우고 싶어했다.

03 마음의 저울을 되는 쪽으로 기울여라

|절망의 거지가 되어라 |

1979년 나는 인생 최대의 위기를 맞게 되었다.

피보약국이 유명세를 타자 전국 방방곡곡의 약사들이 나를 찾아오기 시작했다. 내가 만든 조제약을 자기네 약국에서도 팔 수 있게 해달라는 것이었다. 처방전을 알려달라는 것도 아니고 조제한 약을 가져다 팔아주겠다는데 거절할 이유가 없었다. 또 지방에서 올라오는 환자들의 편의를 위해서도 괜찮겠다 싶었다. 그렇게 해서 약을 조달해준 약국이 전국 60군데에 달했다.

그것이 사건의 시작이었다. 무허가 제약으로 보건범죄단속법에 걸린 것이다. 모르고 한 일이지만 법이 허락할 리가 없었다. 하지만 그 조처를 도저히 납득할 수가 없었다. 내가 만든 조제약을 내 약국에서 파는 것은 괜찮고 남의 약국에 파는 것은 범법행위라니… 아직 혈기방장했던 나는 검찰의 소환에 불응하고 도피 생활로 들어갔다. 시간이 모든 것을 해결해주리라 믿었기 때문이다.

피보약국의 '잘나가던 약사'가 '갈 곳 없는 도망자'로 추락해버렸다. 전국의 절을 찾아다니며 도망자 생활을 시작했다. 7개월을 피해다니자 더 이상 갈 곳이 없었다. 마지막으로 찾은 곳이 양산 통도사의 퀴퀴한 냄새가 진동하는 골방. 그곳에서 인생을 마감하고 싶은 마음뿐이었다. 내 앞에 놓인 것은 끝이 보이지 않는 어둠의 벽이었다.

그런데 텅빈 방 안에 빛바랜 신문 한 장이 나를 기다리고 있었다. 다름 아닌 6개월 전 나의 기사가 실린 신문이었다. 우연치고는 너무 이상했다. 갑자기 울분이 솟구쳤다. 나 자신의 처지가 억울하고 한심했다. 이렇게 숨어 지내는 것만이 최선의 선택일까, 의구심이 일었다.

나는 신문을 움켜쥔 채 울고 또 울었다. 한겨울 혹한의 강바람을 맞으면서 나무껍질을 벗길 때도 눈물 한 방울 흘리지 않던 나였다. 남자의 눈에서 그렇게 많은 눈물이 나오리라곤 생각지 못할 정도였다. 그때 나는 일생 동안 흘려야 할 눈물을 모두 쏟아냈던 것 같다.

내 나이 마흔, 그 어떤 것에도 절대 흔들리지 않는다는 불혹(不惑)이었다. 남들 앞에 떳떳이 내보일 수 있는 뭔가를 완성하기로 약속한 예순 살까진 아직 20년이란 긴 세월이 남아 있었다. 그 남은 20년을 무의미한 도피 생활로 허비할 수는 없다는 오기가 치솟았다.

'좋아. 내가 알고 했건 모르고 했건 어차피 나는 그물에 걸려들었다. 그렇다면 어떻게든 그 그물에서 빠져나와야 한다. 그리고 내게 남아 있는 20년을 멋지게 새로 시작하는 거야.'

그길로 산을 내려온 나는 서울지검을 찾아가 자수했다.

하지만 그것은 고난의 서막에 불과했다. 1심에서 징역 3년에 집행유예 5년, 8억 3천여 만원의 벌금형을 언도받았다. 전 재산을 탈탈 털어도 그만한 돈은 마련할 수가 없었다. 약국을 하면서 조금씩 갚아간다 해도 평생이 걸릴 만큼 큰 액수였다.

생각다 못한 나는 항소심을 신청해 시간을 벌어놓은 다음 다른 사업을 도모해보기로 했다. 그러나 사업은 손대는 족족 실패를 봤다. 더 이상 새로운 사업을 벌일 용기나 투지도 생기지 않았다. 그야말로 벼랑 끝까지 내몰린 기분이었다.

그 자포자기의 순간에 무슨 계시처럼 떠오른 것이 화장품 사업이었다.

약국의 약사에서 화장품회사 사장으로의 변신. 언뜻 생각하기엔 전혀 엉뚱해 보이지만, 둘 사이엔 한 가지 공통점이 있었다. 바로 '피부'라는 연결고리였다.

'잘나가던 약사'에서 '갈 곳 없는 도망자'로 추락했다.
그러나 그 순간 나는 변신했다

　　　　　　　　　　　　　피보약국 시절, 우리 약국을 찾는 손님 가운데 70퍼센트는 여성이었다. 그중에서도 70퍼센트는 피부병이 아닌 기미나 주근깨, 여드름, 주름살 때문에 찾아오는 손님이었다. 피부병 때문에 찾아오는 이들은 병이 나으면 이내 발길을 끊어버리지만 피부 트러블 때문에 찾아오는 이들은 끝까지 단골로 남았다.

　10여 년간 그런 손님들을 상대하다보니 여성의 피부에 대해서는 전문가 못지않은 지식을 갖추게 되었다. 더구나 내게는 당시 국내 화장품 업계에서는 좀처럼 쓰지 않던 바이오 성분을 이용해 외용크림을 만들어본 경험도 있었다.

　바이오 원료를 처음 접하게 된 것은 1975년 무렵. 그즈음 나는 우리 약국에서 팔던 수입산 기미 크림이나 여드름 연고의 효능에 대해 심각한 회의를 품고 있었다. 약용크림이라는 것이 처음에는 잘 듣는 듯싶다가도 곧 내성이 생겨 점점 효과가 떨어졌고, 나중엔 오히려 피부를 망쳐놓았기 때문이다. 사실 내가 만든 약용크림이나 연고도 그런 한계를 넘어서지 못하고 있었다.

　그러던 어느 날 독일에서 원료 약품을 수입해 국내 제약회사나 화장품회사에 납품하는 수입업자 한 분이 찾아왔다.

"지병이던 두드러기가 피보약국 조제약을 썼더니 말끔히 나았어요. 외국의 유명한 병원에서도 못 고치던 고질병이었는데 말입니다. 그래서 그 답례로 피부 조제약 원료는 물론이고 화장품 원료로도 좋은 기가 막힌 제품을 소개해드릴까 해서 이렇게 찾아왔습니다."

그이가 말하는 기가 막힌 제품이란 다름 아닌 바이오 원료였다. 나는 그이를 통해 구한 바이오 원료로 외용크림을 만들었고 약국을 찾는 손님들에게 시험 삼아 써보게 했다.

세포에 직접 스며들어 세포 분열을 활성화시킨다는 바이오 원료의 효능은 정말 놀라울 정도였다. 바이오 원료를 첨가해 만든 외용크림은 기존의 외용크림과는 달리 내성이 없었다. 오히려 쓰면 쓸수록 피부가 좋아졌다. 다만 한 가지, 열 사람에 한 사람꼴로 부작용이 생긴다는 게 문제였다.

그 후로 나는 바이오 원료의 부작용을 없애기 위해 여러 가지 실험을 거듭했고, 마침내 나만의 노하우를 갖게 되었다. 그 노하우를 이용해 화장품을 만든다면 성공적으로 재기할 수 있을 거란 확신이 들었다.

물론 그 전에도 바이오 원료가 들어간 화장품이 없었던 것은 아니다. 70년대, 모 화장품회사에서 콜라겐이라는 바이오 원료를 첨가한 '프라겐 크림'을 출시해 크게 히트를 친 적이 있었다. 하지만 프라겐 크림은 부작용 때문에 이내 출시를 중단해야 했다. 그 일이 있은 뒤로 국내 화장품 업계에서는 바이오 원료 사용을 중단하다시피 한 상태였다.

더욱이 당시의 피부과학은 피부를 통해 직접 영양을 공급하는 문제에 대해 상당히 회의적이었다. 피부는 선택적 투과성을 가지고 있는데 피부를 통해 영양을 공급한다는 게 말이 되냐는 것이었다. 피부 세포를 통해 영양을 공급하는 바이오 원료의 효능 자체를 부정하고 있었던 것이다. 때문에 화장품의 수준도 피부 보호 차원에 머물러 있었다.

하지만 피부 보호와 치료 사이에는 '피부 개선'이라는 단계가 있다. 검은 피부를 희어지게 만드는 것, 기미나 주근깨를 없애는 것을 피부 보호나 치료라고 부르지는 않는다. 그것은 피부 개선이라고 해야 한다. 내가 만들고자 했던 것은 바로 피부를 개선해주는 화장품, 다시 말해 '기능성 화장품'이었다.

학자들이 뭐라고 하든 나는 바이오 원료를 이용한 외용크림의 효능을 내 눈으로 직접 확인한 지 오래였다. 뿐만 아니라 그 부작용을 막을 수 있는 노하우도 이미 내 손 안에 들어 있었다. 모두가 불가능하다고 생각하는 기능성 화장품을 만들어내는 일이 전혀 불가능하지만은 않았던 것이다.

피보약국 시절의 좋은 처방을 활용하기에는 화장품회사보다 제약회사 쪽이 낫지 않겠느냐고 충고하는 사람들도 더러 있었다. 물론 화장품회사가 아닌 제약회사 쪽을 선택할 수도 있었다. 하지만 제약회사는 이름처럼 '제약'이 많았다.

의약품을 한 잔의 커피에 비유한다면 물은 부형제, 커피는 주성분, 프림과 설탕은 보조성분이 된다. 그런데 의약품은 마치 자판기에서 뽑아내는 커피와 같아서 내 입맛에 맞춰 제각각 타 먹을 수가 없다. 의약품의 효능을 결정하는 주성분과 보조성분의 상용량이 미리 정해져 있어서 만드는 사람 마음대로 가감할 수가 없는 까닭이다.

반면에 화장품은 기제인 물을 제외하고는 커피와 설탕, 프림이 모두 첨가제로 분류된다. 첨가제는 말 그대로 첨가하는 것이기 때문에 만드는 사람 마음대로 빼거나 보태도 아무 상관이 없다. 그러니까 내가 내린 처방에 따라 내가 원하는 원료를 원하는 만큼 사용해 우수한 제품을 만들어낼 수가 있는 셈이다. 피보약국 때도 그랬지만 화장품을 시작하면서도 나는 이 세상에 딱 하나밖에 없는 것, 그러면서도 최고의 품질을 자랑하는 제품을 만들어내고 싶었다. 그 욕심을 위해서라면 얼마든지 남들과 달리 거꾸로 뛸 준비가 되어 있었다. 만약 남들과 똑같은, 아니 그 어슷비슷한 제품을 찍어내는 회사라면 아예 시작하고 싶지도 않았다.

또 하나, 제약회사 대신 화장품회사를 택한 이유는 사업성에 있었다. 의약품은 제아무리 좋은 원료를 사용해서 만들어봤자 값을 비싸게 받을 수가 없었다. 국민보건과 직결된 제품이라 가격을 함부로 올리지 못하도록 정부에서 제재를 가하는 까닭이었다. 하지만 화장품은 달랐다. 좋은 원료를 듬뿍 넣어 만든 제품은 그에 알맞게 비싼 값을 받고 팔면 되었다. 물론 그 제품을 선택하느냐 마느냐는 고객의 마음에 달렸지만.

사업성을 선택의 중요한 요인으로 생각할 수밖에 없었던 건 당시의 형편 때문이기도 했다. 8억 3천여만 원의 벌금을 갚아 나가려면 옹골지게 돈을 벌어야만 했다. 그렇지 않으면 나머지 인생은 8억 3천여만 원이란 커다란 족쇄에 갇혀 꼼짝도 할 수 없을 테니 말이다. 결국 내 나래를 활짝 펼 수 있는 사업은 제약업이 아니라 화장품 제조업이었다.

된다는 믿음이 곧 가능성이다.
마음의 저울을 되는 쪽으로 기울여라

새 사업의 방향을 결정하고 난 후 곧바로 시장 조사에 들어갔다.

맨 먼저 우리나라 10대 화장품회사의 공장장들을 찾아다니며 자문을 구했다. 하지만 그들은 열이면 열, 모두 나를 말리려고만 들었다.

"피보약국은 유명하니까 그것만 해도 먹고 살 만큼 꽤 돈을 버실 텐데 왜 하필 망할 게 뻔한 화장품회사를 하려고 하십니까?"

"도대체 왜 망한다는 겁니까?"

답답한 나머지 따져 물으면 돌아오는 대답은 한결같았다.

"화장품은 패션입니다. 유행을 선도해나가야 살아남을 수 있어요. 그리고 유행을 선도해나가려면 광고를 해야 될 거 아닙니까. 그런데 이 광고비가 정말 장난이 아니에요. 한두 푼 가지고 되는 게 아니라는 말입니다. 사실 우리나라 화장품회사 매출 순위는 광고비 지출 순위라고 해도 과언이 아닙니다. 사장님은 우리나라 화장품회사가 몇 개나 된다고 생각하십니까? 10대 화장품회사를 빼고도 70~80군데가 넘습니다. 광고를 안 하니까 사람들이 모를 뿐이죠. 무엇보다 중요한 것은 그 70~80군데 회사 매출액을 모두 합해도 업계에서 1위를 하는 회사 매출을 따라가기 힘들다는 겁니다. 그런 화장품회사를 뭐하러 하시겠다는 겁니까?"

그러나 그들의 비관적인 전망도 내 의욕을 꺾지는 못했다. 아니, 오히려 내 투지에 불을 질렀다.

'화장품이 패션이라고? 보아하니 광고에만 신경 쓰느라 제품 개발은 안중에도 없는 모양이군. 그래, 내가 힘을 키울 때까지 한 십 년만 계속 그렇게 하고 있어라. 지금부터 나는 기능성 화장품이라는 새로운 분야를 개척할 거다. 그래서 십 년 안에 우리나라 화장품 시장을 석권하고 말 거야.'

시장 조사를 마치고 나서 우선 익산의 대도화학을 인수하는 형식으로 화장품 제조 허가증을 손에 넣었다. 남은 것은 공장을 마련하는 일뿐이었다. 그러나 경기도 일대를 다 돌아다녀봐도 마땅한 공장을 찾을 수가 없었다. 장소가 마음에 들면 값이 터무니없이 비쌌고, 값이 적당하다 싶으면 장소가 형편없었다. 결국 공장 매입을 포기하고 의왕에 있는 100평 남짓한 공장을 빌려 10명의 직원들과 함께 제품 생산에 들어갔다.

1984년 11월, 드디어 시제품이 나와 판매에 들어갔다. 하지만 광고 한 번 안 내보낸 제품을 받아주겠다는 화장품 전문점은 단 한 군데도 없었다. 물론 광고는 꿈도 꿀 수 없는 형편이었다. 공장 임대료와 수도세, 전기세만 해도 벌써 8개월치나 밀려 있는 터였다.

임대 보증금을 거의 다 까먹어 들어갈 즈음, 공장 주인이 나를 불렀다.

'혹시 공장을 비워 달라고 하려나?'

가슴 졸이며 찾아간 나에게 그이는 뜻밖의 제안을 해왔다.

"자네 사정이 너무 딱해 보여서 하는 말인데… 다른 화장품회사에 물건을 대는 하청일을 맡아서 해보지 않겠나? 왜 그 OEM이라는 것 말일세. 안 되는 회사를 붙잡고 있는 것보다는 그게 벌이도 훨씬 나을 거야. 자네가 하겠다고만 하면 내가 다리를 놓아보겠네."

그이의 마음은 정말 고마웠지만 나는 조금도 주저없이 고개를 가로저었다. 왜냐하면 나이 마흔이 넘어서 시작한 사업, 망하든 흥하든 내 것을 만들어보겠다는 생각엔 변함이 없었기 때문이다.

"뭐라고 감사의 말씀을 드려야 할지 모르겠습니다. 늘 이렇게 따뜻하게 격려하고 위로해주시니… 하지만 제 생각은 좀 다릅니다. 하청일을 하게 되면 지금 당장의 형편은 나아질지 모르지만 그 이상의 발전은 기대하기 어렵지 않겠습니까. 또 남의 것을 자꾸 만들다보면 내 것은 그대로 묻혀버릴 것 같아요."

그 뒤로도 몇 년간 살얼음판을 걷는 듯한 상황은 계속되었지만 나는 단 한 번도 내 선택을 후회한 적이 없다. 아울러 안 된다는 생각도 마음속에 품지 않았다.

무언가 새로운 일에 자신의 인생을 걸어보려 할 때, 우리 마음의 저울은 된다고 믿는 쪽과 안 된다고 믿는 쪽이 팽팽하게 균형을 이루게 마련이다. 그럴 때마다 나는 항상 된다고 믿는 쪽에 조금 더 무게를 실어준다. 그렇게 하면 마음의 저울은 물론이고 운명의 추까지 '되는 방향'으로 기울어지는 걸 느끼곤 한다. 된다는 믿음 자체가 커다란 가능성인 까닭이다.

절망의
거지가 되어라

♛ 언젠가 신문에서 읽었던 칼럼이 떠오른다. 주제는 적극적이고 창조적인 말과 생각이 그 사람의 인격과 생활과 환경을 바꿀 수 있다는 것이었다. 그러면서 빈센트 필 박사라는 분의 글을 이렇게 인용하고 있었다.

"내셔널 풋볼 리그 시카고 베어즈의 유명한 코치 조지 헬라스는 집과 사무실 벽에 언제나 이런 글귀를 적어놓고 스스로 말했다.
'잠자리에 들 때는 언제나 승리자가 되어 있어라.'
이 얼마나 현명한 슬로건인가. 우리도 헬라스의 교훈에 따라 소극적이고 부정적인 생각을 지닌 채 잠자리에 들지 않도록 하자. 잠 속에 빠져들면서도 앞으로 성공할 때의 일을 머릿속에 그려보자. 인간이란 자기가 오랫동안 상상해왔던 그대로의 인간이 되기 쉽다."

칼럼을 읽어내려가면서 내가 처음 화장품회사를 차렸을 때의 일이 생각났다. 몇 달째 월세도 밀리고 전기료조차 내지 못해 제대로 문을 열어보기도 전에 다시 닫아야 할 판이었다. 하지만 그때 내 머릿속을 꽉 채우고 있는 건 '정말 왜 이렇게 안 되는 거지? 또다시 실패하면 어떻게 하지?'라는 부정적이고 비관적인 생각이 아니었다.

'난 꼭 될 거야. 성공에는 어떤 속임수도 통하지 않는다고 했잖아. 내 모든 열정과 노력을 기울이면 반드시 성공할 수 있어. 지금 내가 해야 할 일은, 훗날 화장품 업계의 제1인자가 되어 세상 사람들에게 참존의 제품을 자신 있게 권하는 모습을 마음껏 상상하는 거야. 정말이지 그 모습은 상상만 해도 기분이 좋군.'

그렇게 생각하고 나면 다시금 용기를 얻을 수 있었다.

04 규모의 경쟁을 포기하라
제품의 경쟁만이 살아남는다
| 실력의 부자가 되어라 |

45세의 늦은 나이에 새로 출발한 화장품 사업. 그래도 자신이 있었다. 피보약국 시절부터 꾸준히 쌓아왔던 풍부한 피부 지식이 있었기에 내가 가장 자신 있는 분야로, 그리고 가장 좋은 품질의 제품으로 승부를 걸어볼 차례였다. 하지만 조언을 얻으려고 만난 사람들은 한결같이 만류했다. 화장품 제조업은 품질만으로 승부할 수 있는 사업이 아니라는 것이었다.

사람들이 절대로 승부수가 될 수 없다던 품질. 그것이 바로 나만이 던질 수 있는 결정적인 승부수였으므로 나는 또다시 거꾸로 뛸 준비를 해야 했다.

"100명이 모이는데 99명이 검정 양복에 검정 모자를 쓴다면 나는 흰 양복에 흰 모자를 쓰겠다."

기회가 될 때마다 내가 늘 얘기하는 말이다. 만약 검은 양복을 입고 있다면 99명 속에 묻히고 말지만 흰 양복을 입게 된다면 나머지 99명이 나를 돋보이게 해주는 배경이 되어버린다. 어떤 색깔의 양복을 입느냐에 따라 나의 색깔이 백팔십 도로 달라지는 것이다. 그렇다면 나는 99명의 검은 양복 속에 끼지 못해 불안해하는 것보다 기꺼이 검은 양복들을 나의 뒷배경으로 삼고자 한다.

그렇다고 요즘 젊은이들처럼 무조건 '튀고 보자'는 것은 아니다. 제대로 튀기 위해서는 남들이 그 튀는 행동을 인정할 수밖에 없는 무언가가 있어야 한다. 서태지가 빨간 머리를 하고 나오건 흑인처럼 꼬불꼬불한 레게 머리를 하고 나오건 사람들은 '서태지니까' 하고 인정을 해버리고 만다. 서태지를 서태지이게 하는 것이 음악성이라면 참존을 참존이게 하는 것은 '차별화된 제품'이다.

나는 창업 초기부터 생산과 판매, 광고, 관리에 이르기까지 모든 분야에서 철저한 차별화 전략을 구사해왔다. 그중에서도 가장 기본이 되는 것은 제품의 차별화였다.

왜 달라야 하는가?

1990년대까지만 해도 우리 화장품 업계에서는 봄이면 노란색 레몬 화장품을, 여름이면 푸른색 쿨 타입 또는 젤리 타입의 화장품을 내놓는 것을 관행으로 여겨왔다. 하지만 이런 관행은 언제부턴가 자취를 감추게 되었다.

당연한 일이다. 남이 만든 제품이 잘 팔린다고 나도 덩달아 비슷한 제품을 내놓으니 팔릴 리가 없다. 결국 쌓이느니 재고요, 철지난 재고품을 덤핑 판매하다 보면 남느니 망하는 길밖에 없다.

그러나 남의 성공에 편승하려는 유혹을 떨치기란 쉬운 일이 아니다. 나 또한 그런 유혹에 빠진 적이 있다. 모 화장품 회사에서 머드팩을 출시하여 쏠쏠히 재미를 보고 있을 때였다. 우리도 팩 제품을 만들자는 영업부 직원들의 요구가 빗발쳤다. '그래? 그럼 우리도 한번 해보지 뭐' 하는 안이한 마음으로 석고팩을 내놓게 되었다.

하지만 청개구리 정신을 망각한 결과는 혹독했다. 팩은 사용 빈도수가 일주일에 한 번을 넘지 않는다. 소비량의 절대치가 다른 제품에 비해 현저히 떨어진다. 그 점을 고려하지 않고 무모하게 덤볐으니 결과는 불을 보듯 뻔했다. 외국에서 용기까지 수입해다 한꺼번에 수십만 개를 만들어 내놓은 석고팩은 얼마 팔아보지도 못하고 도중하차를 해야 했다. 초창기 같았으면 이 한 번의 실패만으로도 회사 문을 닫아야 했을 것이다.

남이 장에 간다고 거름 지고 따라나섰다가는 망신만 톡톡히

당하고 돌아오게 마련이다. 시장의 논리는 이보다 더 냉혹해서 어수룩하게 남을 따라하다가는 망신 정도가 아니라 패가망신 하기 십상이다.

다르지 않으면 살아남을 수 없다. 살아남기 위해서는 무엇이 달라도 달라야 한다. 참존 같은 업계의 후발주자는 더더욱 그렇다. 내가 차별화, 그중에서도 제품의 차별화를 첫 번째 전략으로 꼽는 이유도 바로 여기에 있다.

무엇이 달라야 하는가?

제품의 차별화는 품질의 차별화에서부터 출발한다. 사실 우리 같은 중소기업이 대기업의 물량 공세나 광고 공세에 정면으로 맞서는 것은 무모하기 짝이 없는 짓이다. 대기업이라는 골리앗과 맞서 싸우려면 다윗의 돌팔매 같은 비장의 무기가 필요하다. 나는 중소기업이 휘두를 수 있는 비장의 무기는 차별화된 제품과 품질밖에는 없다고 생각한다. 아무도 흉내낼 수 없는 우수한 제품으로 고객에게 인정받는 것만이 그 무모한 싸움에서 승리하는 유일한 방법이다.

아무리 작고 허름한 식당이라도 음식맛이 좋으면 손님이 끊이지 않는다. 정밀하기로 이름난 스위스 시계도 자그마한 가내 공장에서 만들어진 제품이 태반이다. 중요한 것은 '규모가 아니라 품질'인 것이다.

그래서 우리는 창업 초기부터 세계 제일의 명품을 만들겠다는 마음가짐으로 제품 생산에 임해왔다. 지난 85년 출시된 데이나이트 맛사지크림이 무려 10년 동안 롱런할 수 있었던 비결도 여기에 있다. 비록 이름없는 중소기업 제품이지만 품질만은 세계 유수의 화장품과 비교해도 손색이 없었기에 대기업 제품을 젖히고 최고의 스테디셀러로 자리잡을 수 있었던 것이다.

사실 참존이라는 회사명부터가 '참 좋은 제품'으로 인정받고 말겠다는 강력한 의지의 표현에 다름 아니다. 우리가 지난 93년 부한화장품이라는 이름을 버리고 브랜드 네임에 불과했던 참존을 회사명으로 채택한 까닭도 여기에 있다.

우리는 지난 95년부터 우리 제품에 "써 본 사람은 다 좋다고 하고 나도 써 보고 그렇게 느끼며 자신 있게 남에게 권하는 세계 제일의 명품을 만들겠습니다"라는 문안을 박은 '명품보증서'를 넣고 있다. 그것은 영국의 '버버리'가 코트의 대명사로 불리듯이 '참존'을 화장품의 대명사로 만들겠다는 나 스스로의 다짐이자 고객과의 약속이다.

왜 기초화장품만 고집하는가?

　　　　　　　　　　　　다음으로 기초화장품 생산에만 주력하는 것을 들 수 있다. 참존은 지금까지 호황 때든 불황 때든 오로지 기초화장품 생산만을 고집하고 있다. 사세가 확장되면 색조화장품이나 다른 품목으로 제품의 다각화를 추진하는 화장품 업계의 일반적인 전략과는 정반대다.

이는 여러 가지 제품을 생산, 백화점식으로 장사하기보다는 한 가지 제품이라도 세계적으로 인정받는 명품을 만들고 싶기 때문이다. 또 기초화장품을 특화 상품으로 육성한 것이 소비자들에게 좋은 반응을 얻고 있다고 믿는다.

이렇게 기초화장품만을 고집하는 것은 색조화장품이 갖고 있는 단점 때문이기도 하다. 우선 색조화장품은 라이프 사이클이 너무 짧다. 유행이 워낙 빨리 바뀌는 탓에 신제품이 나와서 조금 팔리나 싶으면 이내 한물간 구닥다리로 전락하고 만다.

그것만이 아니다. 열이면 열 모두 선호하는 색깔이 달라서 다양한 제품을 두루 갖추지 않으면 소비자의 요구를 충족시킬 수가 없다. 그런 만큼 용기 제작에 드는 비용도 만만치 않다. 더욱이 색조화장품은 핸드백에 넣고 다니면서 수시로 꺼내 쓰는 제품인 까닭에 용기가 미려하지 않으면 잘 팔리지 않는다.

유행이 바뀔 때마다 용기를 새롭게, 그것도 아름답게 만들어 내는 일에는 제품을 새로 만들어내는 일 못지않게 비용이 많이 든다. 그것은 곧 한마디로 말해, 물량 공세로 밀어붙이지 않으면 승산이 없다는 뜻이다.

물론 색조화장품을 만들어 팔면 당장은 기초화장품 한 가지만 만들어 파는 것보다 매출이 늘어날지 모른다. 하지만 유행이 바뀔 때마다 쌓이는 재고를 덤핑으로 처리하다보면 실수익은 오히려 줄어들 수 있다. 결국 속빈 강정 꼴이 되고 마는 것이다.

그러나 기초화장품은 다르다. 오늘 못 팔면 내일이라도 팔면 된다. 기초화장품은 색조화장품과 달리 일단 한 번 인정을 받으면 꾸준히 팔려나가게 되어 있다. 대부분의 고객들은 마음에 쏙 드는 제품을 발견하면 계속해서 그 제품만 쓰는 경향이 있다.

창업 초기부터 기초화장품만을 고집했던 이유가 바로 여기에 있다.

옛 어른들 말씀이 '열 재주 가진 놈 저녁 땟거리 걱정한다'고 했다. 이것저것 벌여놓기만 해서는 한 가지도 제대로 하기 어렵다는 말이다. 만능 엔터테이너를 선망하는 요즘 젊은이들이 들으면 무슨 케케묵은 소리냐고 할지 모르겠다. 하지만 만능 엔터테이너는 만년 엔터테이너일 뿐 대가가 되기는 어렵다.

나는 참존이 화장품 업계의 만능 엔터테이너가 되기보다는 화장품의 명가(名家)가 되기를 바란다. '남의 떡'을 곁눈질하지 않고 묵묵히 한 길을 가며 내실을 다지는 것, 그것이야말로 참존의 생존 전략이자 성공 비결이다.

왜 한 제품을 계속 업그레이드하는가?

마지막으로, 소비자의 요구를 정확하게 파악하여 그것을 바탕으로 제품을 끊임없이 개선해나가려는 노력이 필요하다.

사실 참존의 히트 상품은 모두 이런 리뉴얼(renewal) 과정을 거쳤다고 해도 과언이 아니다. 한때 '마사지크림 = 참존'이라는 공식을 낳기도 했던 '데이나이트 맛사지크림'은 94년 마사지크림과 영양크림을 더한 콘트롤크림으로, 98년에는 콘트롤크림에 에센스 성분까지 더한 뉴 콘트롤크림으로 업그레이드되었다.

88년에 나온 국내 최초의 수성 세안제인 '클린싱워터'도 피부 보습 효과와 진정 효과가 강화된 징코 클린싱워터와 좀더 간편하게 사용할 수 있는 징코 클린싱티슈로 거듭났다.

96년 영양크림과 에센스를 하나로 만들어 화제를 불러일으켰던 '크림엣센스' 역시 98년 피부 탄력 물질인 사이토카인 성분을 첨가한 크림엣센스 사이토케어로 리뉴얼되었다.

참존 49년 피부 과학의 모든 것을 담아낸 결정체라 자부하는 참인셀 역시 마찬가지다. 참인셀은 기초화장품의 핵심이라 할 수 있는 영양크림이 네 번의 진화를 거치면서 탄생한 핵심 중의 핵심 제품이다.

참인셀의 원조는 1993년에 출시된 참존 탑뉴스 크림으로 거슬러 올라간다. 이후 탑뉴스 크림의 장점은 1999년에 출시된 미드나이트 스페셜 크림으로 이어지면서 한 단계 업그레이드되었고, 다시 2008년에 스킨타운 골드 크림으로 새롭게 변신했다. 그리고 마침내 신개념 특허 성분인 토코비타 C와 엘-프로세라가 첨가되면서 참존 영양크림의 4세대 완성품이 세상에 그 모습을 드러낸 것이다.

다시 말해 참인셀 크림은 참존 영양크림의 오랜 역사를 한 몸에 고스란히 담고 있으면서, 동시에 끊임없이 새로운 모습으로 진화해온 창조의 역사를 보여준다고 하겠다.

소비자의 요구는 참으로 다양하다. 때로 품질 개선을 요구하는가 하면, 때로 가격 인하를 요구하기도 하고, 때로는 포장의 변화를 요구하기도 한다. 하지만 이런 요구를 하나하나 충족시켜가는 것이 명품으로 가는 지름길이자 소비자를 평생 고객으로 묶어두는 유일한 방법이다.

　세상이 빠르게 변해가는 만큼 상품의 생멸 주기도 무섭게 빨라졌다. 어제까지 폭발적인 인기를 누리던 상품이 내일이면 시장에서 자취를 감추기도 한다. 그러나 그중에는 세월을 거슬러가며 사랑받는 제품도 있게 마련이다. 나는 그런 장수의 비결이 더도 덜도 아닌 '품질이라는 기본을 충실히 지켜가는 것'이라 믿는다. 그것이 비록 남들 눈에는 미욱한 청개구리 짓으로 보일지라도 말이다.

실력의 부자가 되어라

♛ 1999년 2월에 나는 국내 굴지의 대기업 총수들을 앞에 놓고 감히(?) 기업경영론을 강의한 적이 있다. 전경련 국제경영원 주최로 열린 '99년 최고경영자 신년세미나'에 초청받아 '참존의 경영차별화 전략'을 주제로 나의 생각을 솔직하게 피력하는 자리였다. 그때의 신문기사 한 토막을 잠깐 옮겨보면 이렇다.

"연간 매출액이 4백억 원대에 불과한 중소기업 사장이 내로라하는 대기업 그룹 총수들에게 '실전경영학' 강의를 해 화제가 되고 있다."

중소기업 사장이 대기업 그룹 총수들에게 실전 경영에 관해 강의를 한다? 분명 화제가 될 만하다. 그렇다면 과연 무엇 때문에 화제가 되었을까?

스스로 판단해보건대, 그 이유는 바로 참존의 철저한 차별화와 고집스러운 전문화 전략에 있다는 생각이 든다. 기초화장품만을 고집해온 전문화 전략은 '바늘에서 선박까지' 경쟁적으로 사업을 다각화하다가 국제통화기금(IMF) 관리 체제의 광풍을 맞고 맥없이 쓰러져간 대기업들에게 따끔한 충고가 되기에 충분했기 때문이다. 문어발식 기업 경영, 남들이 하면 나도 따라 한다는 식의 재계 관행은 분명 바뀌어야 한다. 바뀌지 않으면 살아남을 수가 없다. 사실 화장품 업계에선 사세를 확장하게 되면 당연히 색조 제품이나 기타 다른 품목으로 생산을 확대하는 것이 '상식'처럼 되어 있다. 하지만 나는 이를 거부하고 기초화장품만을 고집하고 있다. 왜냐하면 여러 가지 제품을 만들어 매출을 늘리기보다는 기초 제품에 모든 역량을 결집시켜 세계에서 단 하나뿐인 명품을 만들자는 의지가 있었기 때문이다.

나는 가끔 아이를 키우는 부모들을 보면서 이런 생각도 해본다. 다른 집 아이가 조기유학을 떠난다고 해서, 아니면 바이올린을 배운다고 해서 내 아이의 개성과 성격은 생각해보지도 않고 너무 이리저리 흔들리는 것은 아닌가. 진정 우리 아이가 가장 잘할 수 있는 건 무엇일까를 곰곰이 짚어보고 그 장점을 최대한 살릴 수 있도록 집중 투자할 필요가 있다.

검은 양복에 검은 모자를 쓴 99명의 사람들 중에 유독 흰 양복에 흰 모자를 쓰고 있어도 당당하게 삶을 살아낼 수 있는 자신감, 그 당당함을 심어주는 일이 무엇보다 중요할 것이다.

05 세상에 없는 것을 찾아라
그러면 내가 행복해진다
| 만족의 거지가 되어라 |

한번은 모 일간지 기자가 물어왔다.

"끊임없이 히트 상품을 내놓는 비결이 뭡니까?"

나는 망설임 없이 대답했다.

"언제나 고객의 입장이 되어 생각하는 겁니다."

뭔가 기발한 답을 기대했던 기자는 너무도 원론적인 이야기에 적잖이 실망하는 눈치였다. 하지만 나는 그 이상의 답은 알지 못한다.

누구나 어린 시절에 한 번쯤 철봉에 거꾸로 매달려 주변 풍경을 바라본 적이 있을 것이다. 거꾸로 바라보는 세상은 낯설고 새롭다. 늘 보던 그 학교, 그 운동장, 그 나무인데도 말이다. 소비자의 입장에 선다는 것도 이와 다르지 않다. 기업의 입장에서 바라볼 때는 절대로 볼 수 없었던 것을 보게 된다.

그렇다고 군대에서 소원수리 하듯 불만사항이나 요구사항을 알아내서 해결해주는 것만이 능사는 아니다. 그보다는 소비자 입장에 서서 그들의 잠재된 요구를 읽어낼 줄 알아야 한다. 그것을 바탕으로 아직 세상에 없는 제품을 만들어내면 반드시 히트를 치게 되어 있다. 소비자의 요구를 쫓아가는 대신 소비자로 하여금 나를 따라오게 만들어야 한다는 말이다. 지난 88년에 출시된 참존 클린싱워터가 그런 제품이었다.

화장의 반은 클렌징. 물로 화장을 지운다?

화장의 반은 클렌징이라 해도 과언이 아니다. 색조화장 자체가 피부에 해를 끼치는 것은 아니지만 땀이나 피지, 먼지가 엉겨붙은 상태로 오랫동안 방치해두면 피부가 자극을 받아 트러블이 일어난다. 화장을 하는 것보다 지우는 것이 중요한 이유가 여기에 있다.

그런데 당시 유일한 클렌징 제품이었던 클렌징크림은 사용할 때 여간 번거로운 게 아니었다. 우선 클렌징크림을 얼굴에 발라 잘 문질러준 다음 티슈나 화장수건으로 닦아내야 한다. 클렌징크림에 들어 있던 기름기가 얼굴에 남아 끈적거리기 때문에 비누 세안도 빠뜨려서는 안 된다. 하루 종일 격무에 시달리다 집에 돌아오는 직장 여성들에게 클렌징은 또 하나의 '일'이었던 셈이다.

그 무렵 우리는 클렌징오일이라는 제품을 만들어 선보이고 있었다. 하지만 클렌징오일이라고 해서 클렌징크림보다 특별히 나을 건 없었다. 다만 남들과 똑같은 제품을 내놓아서는 안 된다는 생각에 제형만 조금 바꾸어보았던 것뿐이다.

클렌징크림의 아성을 무너뜨리려면 보다 획기적인 상품이 필요했다. 나는 고민 끝에 화장품의 기제를 기름에서 물로 바꾸어보기로 했다. 클렌징크림이나 오일이 끈적거리는 것은 기제가 기름이기 때문이다. 기제를 물로 바꾼다면 그런 끈적임은 사라질 게 분명했다. 바로 그렇게 해서 만들어진 제품이 국내 최초의 수성세안제인 참존 '클린싱워터'이다.

클렌징워터는 클렌징크림이나 오일과는 달리 끈적임이 없다. 뿐만 아니라 화장솜에 묻혀 닦아낸 다음 물 세안만 해도 색조화장이 말끔히 지워진다. 귀찮고 번거롭던 클렌징이 놀라울 정도로 간편해진 것이다.

하지만 시장의 반응은 냉담하기 짝이없었다. 클렌징워터 판촉에 나섰던 영업사원들은 번번이 화장품 전문점 주인들에게 퇴짜를 맞고 돌아와야 했다.

"색조화장을 물로 지운다는 게 말이나 되는 소리냐. 누가 물을 돈 주고 사냐. 옛날 봉이 김선달이 대동강물을 돈 받고 팔아먹었다더니 너희가 바로 현대판 봉이 김선달이로구나."

반응도 각양각색이었다. 참다 못한 영업사원들이 나에게 울분을 토해놓기 시작했다.

"사장님, 사장님은 정말 돈키호테십니다. 시장 조사도 안 하고 무작정 제품을 만들어놓으면 저희더러 어떻게 팔라는 말씀이십니까?"

나름대로 자신 있게 내놓은 상품이었지만 막상 소비자들의 반응이 달갑지 않으니 내 마음도 영 불편했다. 어떻게 해야 소비자들로 하여금 클렌징워터의 기능을 느끼게 할 수 있을까. 문득 피보약국을 할 때 써 보았던 샘플 전략이 떠올랐다. 맞다, 그거야! 품질만 자신있으면 샘플만큼 직접적으로 소비자들에게 효과를 보여줄 수 있는 게 없었다. 클렌징크림만 고집하던 소비자들의 마음을 돌려놓은 것은 샘플 전략이었다. 30밀리그램짜리 샘플을 만들어 뿌리자 서서히 반응이 오기 시작했다. 하지만 클렌징크림의 아성을 무너뜨리기엔 아직 역부족이었다.

클렌징워터와 클렌징티슈의 성공은 고객의 불편함을 생각했기에 가능했다

그러던 어느 날 영업사원 하나가 화장품 전문점 점주의 의견이라면서 참신한 아이디어를 내놓았다.

"사장님, 제 거래처에서 클렌징워터는 화장솜에 묻혀서 써야 되니까 아예 화장솜까지 넣어주면 좋겠다는데요."

나는 그 말을 듣는 순간 "아차!" 하고 무릎을 내리쳤다. 품질에만 신경을 쓰다보니 소비자의 불편함은 간과하고 있었던 것이다.

소비자들이 화장품을 사면 화장품 전문점에서는 으레 화장솜이나 샘플을 끼워준다. 클렌징워터를 구입할 때도 마찬가지일 것이다. 그러나 클렌징워터를 쓰다가 화장솜이 떨어지면 다시 화장품 전문점에서 얻거나 사야 한다. 화장품은 사지도 않으면서 화장솜만 달라고 하기는 미안한 노릇이다. 그렇다고 거저 주기도 하는 화장솜을 돈 내고 사자니 아까운 생각이 든다. 그런 불편함을 한 번이라도 느꼈던 고객이라면 다시는 클렌징워터를 사지 않을 것이다.

거기까지 생각이 미친 나는 당장 클렌징워터에 화장솜을 넣도록 지시했다.

화장솜까지 들어가자 클렌징워터는 날개 돋힌 듯 팔려나갔다. 클렌징크림의 판매량을 넘어서는 것도 잠깐이었다. 나중에는 밀려드는 주문을 감당할 수 없어서 영국에서 최신형 자동주입기까지 들여오기에 이르렀다.

우리 클렌징워터가 전국에서 품절 사태를 빚을 정도로 히트를 치자 경쟁업체에서도 90년도에 들어서면서부터 앞다투어 수성 세안제를 내놓기 시작했다. 하지만 그들은 우리만큼 재미를 보지 못했다. 왜냐하면 최초가 아니었기 때문이다.

경쟁업체들이 좁은 수성세안제 시장에서 제 살 깎아 먹기식 경쟁을 하는 동안 우리는 또 다른 개선에 들어갔다. '클렌징티슈'가 바로 그것이다.

'어차피 화장솜에 묻혀서 써야 되는 것이 클렌징워터라면 아예 티슈 형태로 만들어 하나씩 뽑아 쓰게 하면 어떨까?' 하는 발상의 전환이 클렌징티슈를 낳았다. 클렌징티슈는 클렌징워터에 이어 다시 한번 클렌징의 개념을 바꾸어놓은 제품이었다.

허옇게 번들거리지 않는 선크림은 없을까?
고객을 만족시키는 제품을 찾아내라

1999년 선보인 이후 10여년 넘게 여름철 선크림 시장을 강타한 알바트로스 크림과 나인투파이브 선크림은 내게 '내가 필요로 하는 것은 소비자도 필요로 하고, 내가 만족스러운 것은 소비자도 만족스러워한다'는 점을 일깨워준 제품이다.

두 제품의 아이디어를 얻은 곳은 골프장이었다. 골프는 야외에서 장시간에 걸쳐 하는 운동인만큼 골프장을 찾는 사람들은 남녀노소 할것없이 모두 선크림을 바르고 나타난다. 그런데 보통 선크림 제품은 얼굴에 바르면 허옇게 들떠서 마치 어릿광대 분장을 한 것처럼 우스꽝스러워 보인다. 선크림 속에 들어 있는 이산화티탄이라는 성분이 손으로 문지르면 희게 변하는 속성이 있기 때문이다.

나는 화장품을 만드는 사람으로서 차마 그 꼴을 두고 볼 수가 없었다. 우선 나부터도 어릿광대처럼 보이는 게 싫어 선크림을 바르기가 꺼려졌다. 그렇다고 선크림을 안 바르자니 "명색이 화장품회사 회장이라는 사람이 제 얼굴 관리 하나도 제대로 못한다"는 소리를 들을 게 뻔했다.

참다못한 나는 우리 연구소에 '문질러도 허옇게 들뜨지 않는 선크림을 만들어내라'고 특명을 내렸다. 그러나 문지르면 허옇게 들뜨는 현상, 즉 '백화 현상(白化現象)'을 없애기란 말처럼 쉬운 일이 아니었다. 선크림의 주요 성분인 이산화티탄은 백화 현상을 일으키는 주범이기도 하지만 자외선을 효과적으로 차단해주는 일등 공신이기도 한 까닭이다. 실력 좋기로 이름난 우리 연구소에서도 이 문제를 해결하는 데만 자그마치 3년이라는 시간을 투자해야 했다.

그런데 막상 선크림이 완성되자 다른 욕심이 생겨났다. 피부가 장시간 자외선에 노출되다보면 수분을 빼앗겨 거칠고 건조해지기 쉽다. 이런 현상을 막으려면 선크림 속에 피부를 부드럽고 촉촉하게 유지시켜주는 영양성분을 넣어야겠다는 생각이 들었다.

그 욕심이 채워지자 이번엔 또 다른 욕심이 고개를 내밀었다. 선크림은 자외선을 차단하여 피부가 검게 그을리거나 잡티가 생기는 것을 방지하는 기능을 가지고 있다. 소비자들이 선크림을 사용하는 것은 잡티 없이 하얀 피부를 원하기 때문이다. 그렇다면 단순히 자외선을 차단하는 것만으로는 부족하다. 부족한 그 부분을 채우려면 선크림 속에 피부를 희고 투명하게 가꿔주는 화이트닝 성분을 넣을 수밖에 없었다.

그 욕심까지 채워지자 이왕 욕심을 부리기로 한 것, 끝까지 부려보자는 생각이 들었다. 사실 색조화장을 할 때는 선크림을 바르기가 조금 어정쩡한 감이 없지 않다. 선크림은 기초화장품도, 언더 메이크업 화장품도, 색조화장품도 아니기 때문에 도대체 어떤 단계에서 발라줘야 할지 알 수가 없다. 하지만 선크림이 언더 메이크업 기능을 갖추고 있다면 문제는 간단해진다. 기초 화장품을 바른 다음 알바트로스 크림을 바르고 색조화장을 하면 여름철 외출 준비 끝.

이렇게 있는 대로 욕심을 부려 알바트로스 크림을 완성해놓고 보니 가격이 문제였다. 제품에 들어간 원료가 다양한만큼 아무리 적게 받는다고 해도 타사 제품의 세 배는 받아야 될 것 같았다. 품질 하나만 믿고 그 가격에 출시를 해봤지만 돌아오는 반응은 한결같이 "제품은 너무 좋은데, 가격이 너무 비싸다"는 것이었다.

　일단 샘플이 나가자 골프장과 항공사 쪽에서는 반응이 오기 시작했다. 그러나 "여름 한철 쓰고 마는 선크림에 많은 돈을 투자하기 싫다"는 일반 소비자들의 반응을 돌려놓기란 쉬운 일이 아니었다. 일반 소비자들을 공략하기 위해서는 뭔가 다른 방안을 마련해야 했다.

　우리는 마침내 알바트로스 크림의 효능은 그대로 유지하면서 용량도 줄이고 가격도 낮춘 나인투파이브 선크림을 출시했다. 나인투파이브 역시 가격은 높은 편이었지만 소비자들의 반응은 뜨거웠다.

　그 후에도 우리는 기존 제품에 만족하지 않고 진화에 진화를 거듭해 더욱 새롭고 효과 좋은 선크림 제품을 계속해서 선보였다. 뽀송뽀송한 사용감을 더한 알바트로스 파우더 선, 운동할 때 물이나 땀에 지워지지 않는 레포츠 선, 그리고 데일리 선까지 개발하여 소비자들의 만족도를 높여갔다.

제대로 된 제품 하나를 만들기 위해선 오랜 시간에 걸친 투자를 아끼지 말아야 한다. 그랬을 때에야 비로소 생산자와 소비자를 모두 만족시킬 수 있는 최고의 명품이 탄생한다.

만족의
거지가 되어라

♛ 미쓰이 다카토시. 그는 일본의 '고객 만족의 원조'로 불리는 인물이다.

그가 맨 처음 포목점을 연 것은 1673년, 나이 52세 때였다.

그 당시 유명 포목점들은 집집마다 돌아다니며 물건을 파는 방문 판매와 외상으로 물건을 거래하는 방식으로 비싼 값으로 옷감을 팔고 있었다. 하지만 새롭게 문을 연 다카토시는 기존 포목점들과는 완전히 정반대의 판매 방식을 취했다. 방문 판매 대신 가게에서 직접 물건을 팔았고, 외상 거래 대신 현금 거래를 위주로 했다. 따라서 가격을 훨씬 낮출 수가 있었다. 이렇게 되자 소비자들이 그의 가게로 몰리지 않을 수 없었다. 여러 가지 다양한 물건들을 직접 눈으로 확인할 수 있는 데다 다른 가게보다 싼 값으로 물건을 살 수 있었으니까 말이다.

그는 또 이런 광고도 내보냈다.

"저희 가게에선 어떤 옷감이든 다른 가게보다 싸게 팝니다. 다만 가격이 싸기 때문에 더 이상은 물건값을 깎아줄 수 없으니 고객 여러분께서 널리 이해해주기 바랍니다."

이 광고는 이후 정찰제 판매의 시초가 된다.

그는 여기서 멈추지 않았다. 보다 새로운 판매법을 개발해냈다. 다른 포목점들은 거의 다 한 필, 두 필 하는 단위로밖에 팔지 않았지만 사실 일반 소비자들은 그렇게 많은 옷감이 필요치 않았던 것이다. 그래서 다카토시는 고객의 불만을 받아들여 수건 크기의 옷감을 팔기 시작했다. 그건 놀라운 혁명이었고, 당연히 소비자들로부터 대환영을 받았다.

끊임없이 새로운 판매 방식을 개발해내 소비자를 만족시켰던 미쓰이 다카토시. 나는 그의 얘기를 들으면서 새삼 어떤 시각에서 제품을 개발해야 하는지를 되짚어보게 되었다. 소비자의 불편을 제품으로 연결시켜 다시금 소비자의 만족으로 되돌려 줄 줄 아는 지혜야말로 성공하는 기업인의 기본 자질일 것이다.

「낯이 아서 찾아내지 못한 그것을
오직 니빠가 찾아내자.」

伎保藥局
藥師 金 光 石

2장

◇◇◇◇◇ 메아리 - 경영은 메아리 같아요.
산에 올라 무언가를 외치면 언제나 메아리가 돌아오듯 좋은 것을
보내면 더 좋은 대답이 돌아오죠. 그렇게 사랑을 돌려준 고객 덕분
에 참존이 있을 수 있었습니다.

06 섞고 빼고 흔들어라
세계가 새로운 모습으로 변화한다
| 실패의 부자가 되어라 |

몇 해 전 신문에서 '기업과 문화'라는 칼럼을 읽고 어깨가 으쓱해졌던 기억이 있다. 칼럼의 필자가 21세기를 주도해나갈 기업의 대표주자로 참존을 꼽았기 때문이다. 그이는 기업이 장기적으로 성공해나가기 위해서는 반짝 하는 아이디어보다는 일관된 기업문화가 필요하다고 지적했다. 그런 면에서 청개구리로 대변되는 일관된 기업 문화를 가진 참존이야말로 앞서가는 기업이라는 얘기였다.

그이는 우리 회사명에 대해서도 상당한 호감을 표시했다. 참존이라는 이름에서부터 청개구리다운 면모가 느껴진다고 했다. '참 좋은'과 'charming zone(매력 지대)'을 결합하여 내수와 수출을 동시에 노린 공격적인 네이밍이 수륙 생활을 겸하는 청개구리를 연상케 한다는 것이었다. 뿐만 아니라 비싼 돈을 들여 일류 모델을 기용하는 대신 청개구리를 광고 모델로 내세운 점도 인상적이라고 했다. 청개구리야말로 색다른 상품으로 화장품 시장의 판도를 바꾸어놓은 참존의 기업 이미지에 꼭 들어맞는 모델이라는 것이다. 그런데 이런 칭찬보다 더욱 나를 즐겁게 했던 건 칼럼의 마지막쯤에 실려 있는 대목이었다.

'이 기업에서 생산하는 화장품은 기존 화장품 장르를 뒤섞거나 흔들어놓는다. 기분 좋은 '해체성'이 이 기업의 전반적인 기업행동에서 선명하게 읽히는 것이다.'

이 대목이 유난히 좋았던 건 나의 제품개발 정신을 아주 정확하게 짚어냈고, 또 소비자의 마음과 나의 마음이 가감없이 그대로 통했다는 생각이 들었기 때문이다.

어느 기업이든 기존의 제품과는 다른 새로운 제품을 계속해서 만들어내고자 애쓴다. 하지만 그것은 기존의 제품을 사장시키는 것이 아니라, 그것을 바탕으로 장점은 더욱 부각시키고 단점은 개선시키면서 새로운 제품을 만들어내야 하는 것이다. 참존 제품의 특징은 바로 거기에 있다.

이미 소비자들로부터 사랑받고 있는 제품이지만 그것을 그대로 내버려두기보다 그것을 서로 뒤섞고 빼고 흔들어서 전혀 새로운, 엉뚱하리만큼 신선한 제품을 창조해내는 것. 그건 어쩌면 단순한 제품 개발 차원에서 끝나는 것이 아니라 그 제품을 사용하는 소비자의 인식까지도 변화시킬 수 있다고 생각된다. '아, 이렇게도 변할 수 있구나' 하는 인식의 전환을 통해 삶을 바라보는 새로운 눈을 갖게 되는 것이다.

동서양의 음식을 섞어 퓨전 요리를 만들어내듯
화장품에도 퓨전이 있다

서로 뒤섞고 빼고 흔들어서 엉뚱하리만치 새로운 제품을 만들어낼 수 있었던 것도 따지고 보면 소비자의 입장에 서서 제품을 보려고 했던 데 있었다. 96년에 내놓은 '크림엣센스'의 출발이 바로 그랬다.

사실 여성 화장품은 제대로 갖춰 쓰려면 한도 끝도 없다. 기초화장품만 해도 클렌징 제품부터 마사지크림, 스킨로션, 밀크로션, 아스트린젠트, 영양크림, 에센스, 아이크림까지 모두 7~8가지가 넘는다. 이런 제품을 모두 갖추기도 쉽지 않지만 빠뜨리지 않고 챙겨 바르는 것 또한 보통일이 아니다.

물론 기초화장품에도 필수와 선택이 있다. 스킨로션과 밀크로션이 필수라면 다른 제품은 비교적 선택에 가깝다. 한두 가지쯤 빼먹는다고 피부가 당장 '악어 가죽'이 되는 것은 아니다. 그러나 피부를 건강하고 아름답게 가꾸기 위해서는 기초화장품을 제대로 챙겨 발라야 하는 것은 말할 것도 없다.

여성들은 모두 아름다워지고 싶은 욕구를 가지고 있다. 다만 값이 너무 비싸서, 챙겨 바르기가 번거로워서 기초 제품을 제대로 갖출 엄두를 내지 못하는 것뿐이다. 이런 여성들을 기초

화장품 시장으로 끌어들이려면 어떻게 해야 할까?

단순히 화장품 가격을 내리는 것만 가지고는 안 된다고 생각했다. 기초화장품의 가짓수도 줄여야 한다. 그렇다고 품질에 소홀해서는 더더욱 안 된다. 이런저런 문제를 한꺼번에 해결하려면 이것과 저것을 섞어 더 나은 한 가지를 만들어내는 수밖에 없었다. 동서양의 음식을 섞어 '퓨전 요리'를 만들어내듯 '퓨전 화장품'을 만들어내야 하는 것이다.

나는 우선 선택 종목에서부터 '퓨전'을 시도하기로 했다. 대부분 여성들이 스킨로션과 밀크로션을 따로따로 바르는 것에는 오랫동안 길이 들어 있다. 그렇게 오랜 시간 길이 들어 있는 습관을 고치기란 그리 쉽지 않다. 이미 몸에 밴 습관을 고치려면 그보다 두 배의 시간이 들어가야만 가능하다. 아니, 더 오랜 시간이 필요할지도 모른다. 따라서 매일같이 따로 사용하던 스킨로션과 밀크로션을 한데 합쳐 제품을 만든다면 소비자들로부터 좋은 반응을 얻어내기 힘들다. 왠지 모르지만 뭔가가 하나 빠져버린 듯한 허탈감을 쉽게 지울 수가 없다.

하지만 영양크림과 에센스라면 분명 사정이 다르다는 판단이 들었다. 대부분의 여성들이 경제적인 이유로, 또는 번거롭다는 이유로 두 제품 가운데 하나만 쓰고 있기 때문이다. 따라서 이 두 제품을 섞어 하나로 만든다면 별 거부감 없이 받아들여질

게 틀림없었다. 그렇게 해서 만들어진 제품이 크림엣센스였다.

남성용 스킨엣센스 역시 같은 맥락에서 개발된 상품이다. 다만 남성들은 세안 후 스킨로션 한 가지만 바르는 경우가 많으므로 영양크림 대신 스킨로션에다 에센스를 섞었다. 훗날 크림엣센스와 스킨엣센스는 부부 세트로 묶여 많은 인기를 누렸다. '내 화장품과 남편 화장품을 함께, 그것도 저렴한 가격에 구입한다'는 애교 있는 컨셉이 주부들에게 먹혀들었던 것이다.

퓨전의 출발점은
세상에 없는 것을 만들어낸다는 데 있다

크림엣센스가 호응을 얻자 이번에는 스킨로션과 밀크로션, 에센스를 하나로 묶어볼 생각을 했다. 물론 따로따로 쓰는 게 습관화되어 있는 세 제품을 하나로 묶는다는 건 상당한 모험이었다.

그러나 스킨밀크엣센스에 대한 고객의 반응은 의외로 신선했다. 처음에는 스킨로션을 바른 듯 산뜻하고, 조금 있으면 밀크로션을 바른 듯 촉촉하며, 하루 종일 에센스를 바른 듯 부드러우면서도 끈적임이 없어 세 제품을 따로 사용하는 것 이상의 효과를 볼 수 있었기 때문이다. 또한 세 제품을 모두 구입하려면 적어도 7~8만 원이 드는 데 비해 스킨밀크엣센스는 그 절반 가격 정도에 구입할 수 있다는 장점도 있었다.

사실 참존의 히트 상품은 대개 뉴 콘트롤크림이나 징코 클린싱티슈, 알바트로스 선크림과 같은 단품들이다. 이런 단품들이 히트를 친 까닭은 다른 게 아니다. 경제적인 이유나 귀찮다는 이유로 몇몇 기초 제품을 생략해오던 소비자들을 공략해 들어갔기 때문이다. 이른바 틈새 시장을 노린 게 주효했다.

내가 '퓨전 화장품'을 시도할 때마다 우리 사원들은 한숨부터 내쉰다. 한마디로 '이것도 저것도 다 못 팔아먹을 짓'이라는 것이다. 하지만 나는 이러한 시도가 사원들의 우려처럼 기존 시장을 잠식해 들어가는 일은 아니라고 생각한다. 그것은 오히려 새로운 시장을 개척하는 일이며 나아가 시장의 흐름을 바꿔놓는 일이다.

최고가 되는 방법에는 두 가지가 있다. 하나는 기존의 일등을 젖히고 최고의 자리에 오르는 방법이 있다. 그러나 내가 최고를 향해 달려가는 동안 일등 역시 제자리를 지키기 위해 죽기살기로 뛰고 있다. 일등의 꽁무니만 쫓아서는 영원히 최고의 자리에 오를 수가 없다. 행여 일등을 밀어내고 그 자리를 차지한다 해도 금세 다른 누군가가 나를 치고 올라오게 마련이다.

진정한 최고가 되기 위해서는 세상에 없는 것을 만들어내야 한다. 소니가 오늘날 가전 제품의 대명사로 불리는 까닭이 무엇이겠는가? 남들이 커다란 진공관 라디오를 만들어 팔 때 손바닥만한 트랜지스터 라디오를 만들어 팔았기 때문이다.

마이크로소프트사의 경우도 마찬가지다. 남들이 하드웨어 산업에 골몰하고 있을 때 당시로선 상품 가치가 희박해 보이던 소프트웨어 개발에 주력했던 게 그들의 성공 비결이다.

세상에 없는 것을 만들어낸다는 것은 나만의 시장을 개척하는 일에 다름 아니다. 그리고 그 시장에서는 아무도 나를 당해낼 수가 없다.

실패의 부자가 되어라

♛ 우리라고 해서 모든 제품
이 다 성공했던 것은 아니다. 우리에게도 쓰라린 실패의 경험
이 있었다. 그런데 곰곰이 생각해보면 그 실패한 제품은 모두
우리가 독창적으로 만들어낸 것이 아니라 남들 하는 대로 따
라 했던 것들이다.

우선, 석고팩이 그렇다. 당시 머드팩이 출시되어 한창 인기
를 끌고 있을 때였다. 영업부에서 적극 권유하는 대로 석고팩
에 집중 투자해 용기도 수입해서 한꺼번에 몇십만 개를 만들어
내놓았다. 그런데 엄청난 양이 곧바로 반품되어왔다. 한마디로
완전히 실패한 것이다. 항상 제품을 개발할 때는 소비자가 돼
서 역지사지하는 입장으로 만들어내야 하는데 석고팩의 경우
는 우리 쪽 입장에서만 생각하고 만들어냈기 때문이다.

또 스킨메이트라고 하는 제품도 실패한 것 중의 하나다. 스킨
메이트는 단계별로 2주씩 8주 동안 바르도록 프로그램화된 제
품인데, 이 역시 이미 외국 기업에서 출시해 인기를 끌었던 아
이템이었다. "독창력 없이 남을 모방하면 잘해야 2등일 뿐"이
라는 누군가의 말을 뼈저리게 실감할 수 있었던 기회였다.

07 진정한 리더는 변화를 주도한다
성공의 정점에 올랐을 때 변신해라
| 변신의 부자가 되어라 |

양서류의 가장 큰 특징은 변태이다. 알에서 부화해 여러 가지 형태로 탈바꿈을 하면서 하나의 온전한 성체(成體)로 성숙해간다. 양서류의 하나인 청개구리를 마스코트로 삼고 있는 우리도 그 변태 못지않은 변신에 변신을 거듭하면서 오늘에 이르렀다. 어쩌면 그러한 변신이 바로 성공의 키포인트였는지 모른다. 그중에서도 참존 맛사지크림에서 뉴 콘트롤크림으로 이어지는 콘트롤크림의 변천사는 참존의 성공 신화 그 자체라고 해도 과언이 아니다.

1984년 창업 당시만 해도 이름없는 화장품회사에 불과했던 참존은 85년 참존 맛사지크림을 출시하면서 서서히 이름이 알려지기 시작했다. 마이너에서 출발한 참존을 10년 만에 메이저급으로 끌어올린 것도 바로 참존 맛사지크림이었다.

사실 '화장품은 패션'이라는 말을 금과옥조로 여기고 있는 우리나라 화장품 업계에서 한 제품이 10년 동안 꾸준히 팔려나간다는 건 있을 수도 없는 일이다. 그러나 참존 맛사지크림은 그 있을 수도 없는 일을 있을 수도 있는 일로 바꾸어놓았다.

스스로 자신의 제품을
신뢰할 수 있을 때 성공할 수 있다

참존 맛사지크림이 무
려 10년을 롱런할 수 있었던 비결은 뭐니 뭐니 해도 탁월한 딥
클렌징 효과 때문이었다.

원래 인간의 피부는 스스로 건강한 상태를 유지하는 자체 조
절 기능을 가지고 있다. 땀샘에서 나온 수분과 기름샘에서 나온
유분이 섞여 만들어진 유액이 피부 표면을 덮어 수분이 증발하
는 것을 막고 피부를 약산성으로 유지시켜준다.

하지만 색조화장의 잔여물이나 기름샘에서 나온 유분, 죽은
세포 찌꺼기들이 모공을 막고 차오르기 시작하면 문제가 발생
한다. 여드름이 생기는 것은 물론이고 모공이 열려 피부가 유자
껍질로 변하는 것이다. 이렇게 되면 모공을 통해 나오는 유분이
줄어들어 결국은 까칠한 지성피부가 되고 만다. 그것이 바로 모
공 속까지 딥 클렌징을 해줘야 하는 이유이다.

그 딥 클렌징을 우리 참존 맛사지크림이 해줬던 것이다. 참존
맛사지크림은 기존 마사지크림과는 달리 번들거리지 않고 피

부 깊숙이 스며들었다. 그리고 몇 분이 지나면 촉촉이 물기가 배어나오면서 모공 속의 노폐물을 깨끗이 녹여냈다. 뿐만 아니라 그 효과를 눈으로 직접 확인할 수도 있었다.

사람들은 마사지를 하고 얼굴을 닦아낼 때 나오는 노폐물 알갱이를 두고 "참존 맛사지크림을 바르고 나면 때가 나온다"고들 했다. 바로 그 점 때문에 엉뚱한 오해를 받은 적도 있다. 마사지크림에 때가 들어 있다는 헛소문이 나돌기 시작한 것이다. 그런 헛소문은 "어제 마사지를 하고 오늘 또 하니까 때가 안 나오더라. 정말로 크림 속에 때가 들었다면 할 때마다 나와야 되는 거 아니냐"는 고객들의 증언으로 이내 사그라들었지만 말이다.

샘플을 가지고 화장품 전문점을 돌면서 판로를 개척할 때도 그 점을 강조했다.

"이 제품은 바른 다음 금방 닦아내지 마시고 한 5분쯤 그냥 놔뒀다가 물기가 쫙 퍼질 때 가볍게 마사지하고 닦아내시면 모공 속의 노폐물이 이렇게 알갱이가 돼서 나오는 걸 눈으로 확인할 수 있습니다. 한두 번만 써보시면 피부가 하루종일 촉촉하고 좋아지는 걸 느끼실 수 있을 거예요. 피부병 잘 고치기로 유명한 피보약국 약사가 만든 제품이니까 효과는 확실합니다."

물론 화장품 전문점에서는 샘플만 받고 퇴짜를 놓기 일쑤였다. 본품은 텔레비전 광고를 해서 사람들이 찾으면 가져오라는 것이었다. 하지만 우리는 주눅들지 않고 계속해서 샘플 전략을 펼쳐나갔다. 소비자들이 샘플을 한두 번 써보면 반드시 본품을 찾을 것이라는 믿음 때문이었다.

실패하고 싶은 사람은 자신의 강점을 살리기보다 약점을 보완하는 데 더 신경을 써라

아니나 다를까, 얼마 지나지 않아 본품을 가지고 오라는 주문이 밀려들기 시작했다. 나는 제품을 내보내기 전부터 사원들에게 단단히 못을 박아두었다.

"외상은 절대로 안 됩니다. 현금만 받으세요. 현금 안 주면 두말 말고 물건 도로 가지고 들어오세요."

당연히 화장품 전문점에선 말들이 많았다.

"지금 현금 달라고 그랬어요? 이 회사 정말 웃기네. 이것 보세요. 우리는 아직까지 한 번도 현금 주고 물건 들여놓은 적 없어요. 일류 회사 화장품도 외상으로 들여놓는다구요. 나 원 참, 물건 팔아주는 것만 해도 어딘데 현금을 달래. 필요없으니까 도로 가져가세요."

납품을 하러 나간 사원들은 하루에도 몇 번씩 이렇게 타박을 당하고 돌아왔다.

하루는 한 사원이 걱정스레 물어왔다.

"사장님, 우리도 그냥 외상으로 팔면 안 됩니까? 화장품 전문점 주인들 말처럼 팔아주는 것만 해도 어딘데요. 이러다가 제품 하나도 못 팔면 어떻게 합니까?"

"미안하지만 제품이 팔리고 안 팔리고는 화장품 전문점 주인들 마음대로 되는 게 아니야. 우리 제품을 주문한 고객의 마음이라구. 만약에 그 사람이 화장품 전문점에 와서 우리 제품을 찾으면 어떻게 할 거야? 없다고 하면서 다른 제품 꺼내서 보여주면 분명히 다른 화장품 전문점으로 갈걸. 손님 안 놓치려면 현금이라도 상관없으니까 물건만 갖다 달라고 할 테지. 기다려봐."

내 예견은 정확히 맞아떨어졌다. 전날 퇴짜를 놓았던 화장품 전문점도 이튿날이면 다시 전화를 걸어왔다.

"어때? 내 말이 맞지? 이번에 가면 두 번째 가는 거니까 제품도 두 배로 가지고 가봐. 가지고 가서 안 팔리면 현금으로 반품해준다고 그래. 샘플도 좀더 갖다주고."

그때부터 사원들은 제품을 들고 나가는 족족 모두 현금을 받고 팔아왔다. 한 달에 3천 개가 가뿐하게 팔려나갔다. 물론 반품도 없었다.

　그 일로 자신을 얻은 나는 다음달부터 조금 더 욕심을 부리기 시작했다. 연말까지 마사지크림 3만 개 판매 돌파를 목표로 세운 것이다. 사원들 사이에서는 말도 안 되는 소리라는 의견이 지배적이었다.

　"사장님, 욕심이 너무 과하신 거 아닙니까? 1만 개 파는 것도 어려울 판인데 3만 개라뇨."

　그러나 목표는 어김없이 달성되었다. 다른 제품은 모두 젖혀두고 마사지크림 판매에만 온 정성을 쏟은 결과였다.

　사람들이 흔히 범하는 실수가 약점을 보완한답시고 강점을 살리는 데 써야 할 시간과 노력을 허비하는 것이다. 약점은 내가 그 부분에 소질이 없을 때 생겨나는 것이다. 소질이 없는 부분을 보완한다고 애써봤자 될 리가 없다. 그보다는 강점을 살리는 데 보다 많은 시간과 노력을 투자해야 한다. 마사지크림 판매에만 총력을 기울인 것도 바로 그러한 이유에서였다.

　3만 개 판매 목표를 달성하자 10만 개를 파는 것은 일도 아니었다. 참존 맛사지크림은 어느덧 베스트셀러를 넘어 스테디셀러로 자리매김했다. 운동계로 치면 스타플레이어를 만들어 낸 셈이었다.

성공은 도전의 끝이 아니다.
성공의 정점에서 과감히 변신하라

하지만 94년쯤 되자 슬슬 불안한 마음이 들기 시작했다. 경쟁 회사에서 우리 제품과 비슷한 제품을 내놓으면 큰일이다 싶었다. 88년에 출시한 클린싱워터가 바로 그런 경우였다.

국내 최초로 수성세안제를 개발해 4년 동안 독점 판매해온 것까지는 좋았는데, 경쟁 회사에서 비슷한 제품을 싼값에 내놓는 바람에 하루아침에 그 주가가 폭락해 버렸다. 똑같이 클렌징워터라 이름 붙인 상품을 우리 제품의 반값에 내놓는가 하면 심지어는 여성지 부록으로 끼워주면서 물량 공세를 펴는 데야 당해낼 재간이 없었다.

마음이 다급해진 나는 얼른 연구소에 우리 맛사지크림을 업그레이드시키라는 특별 지시를 내렸다. 업그레이드시킬 핵심 내용은 이랬다.

객관적으로 볼 때 참존 맛사지크림에는 두 가지 문제점이 있었다. 하나는 바른 다음 손으로 문질러줘야 한다는 점이었다. 그리고 다른 하나는 마사지크림의 원래 이름이 콜드크림인 만큼 여름에는 괜찮지만 겨울에는 섬뜩할 정도로 차갑다는 점이었다.

이 두 가지 문제점을 보완하기 위해 나는 몇 가지 주문을 했다.

첫째, 마사지 효과는 그대로 두되 소프트한 영양크림을 섞어 차가운 느낌을 없애라는 것이었다. 이렇게 하면 딥 클렌징에 영양 공급까지 일석이조의 효과를 낼 수 있다는 점도 계산에 넣었다. 둘째, 손으로 문지르지 않아도 빠르게 스며드는 마사지크림을 만들어내라는 것이었다. 이 주문에 따라 만들어진 제품이 바로 콘트롤크림이다.

피부 자체에서 생산해내는 유액과 흡사한 성분으로 이루어진 콘트롤크림은 어떤 타입의 피부든지 건강한 상태로 조절해주는 기능을 지니고 있다. 그래서 이름도 처음에는 스킨셀프 콘트롤크림으로 지었다. 그러나 이름이 너무 길다는 의견이 많아 나중에 콘트롤크림으로 바꾸었다.

고객 만족이 아니라 고객 감동을 위해서는
좋은 품질과 저렴한 가격을 만족시켜야 한다

그 무렵 고객들이 참존에 대해 가지는 유일한 불만은 '품질은 좋은데 가격이 너무 비싸다'는 것이었다. 해서 콘트롤크림은 가격을 매기는 일까지도 신중에 신중을 기했다.

85그램짜리 데이나이트 맛사지크림을 1만 2천 원에 팔았으니 그보다 업그레이드된 콘트롤크림을 같은 값에 내놓을 수는 없는 노릇이었다. 고민 끝에 가격은 1만 5천 원으로 올리되 용량을 100그램으로 늘리자는 결론을 내렸다.

하지만 그것만으로는 만족할 수가 없었다. 하나를 팔아도 두 개를 파는 효과를 낼 수 있는 마케팅 방법이 필요했다. 그만큼 우리 상황이 절박했다. 심사숙고 끝에 용량을 200그램으로 늘리기로 했다. 약용크림의 덕용 포장을 화장품에 응용한 것이다.

그래 놓고 나자 다시 가격이 문제가 되었다. 용량이 두 배라고 해서 가격도 두 배로 책정할 수는 없었다. 사실 제품의 용량이 늘어난다고 해서 광고비나 판매 비용이 늘어나는 것은 아니다. 그렇다면 조금 손해 보는 셈치고 원료비만 조금 더 받으면 되겠다 싶었다. 결국 100그램짜리 가격으로 책정한 1만 5천 원에 늘어난 원료비 7천5백 원을 더해 2만 2천 원으로 낙착을 보았다.

콘트롤크림을 구입한 소비자들은 양 많고 질 좋은 화장품을 싸게 샀다는 생각에 아낌없이 바를 것이었다. 판매량이 늘어나는 것은 시간 문제였다. 게다가 한 개를 만들어 파는 데 드는 비용과 노력을 들여 두 개를 파는 셈이니 우리로서도 이익이었다.

그런데 막상 출시하려고 하자 영업부 직원들이 반발했다. 데이나이트 맛사지크림을 콘트롤크림으로 체인지업한다는 사실이 못내 마음에 걸렸던 모양이다.

"사장님, 그래도 아직까지는 데이나이트 맛사지크림이 우리의 주력 상품입니다. 이 시점에서 데이나이트 맛사지크림을 콘트롤크림으로 바꾸면 우리는 주력 상품을 잃어버리는 셈입니다. 이건 자멸하자는 소리나 다를 게 없습니다. 사실 두 제품을 함께 내놓아도 아무런 문제가 없지 않습니까?"

그러나 나는 고집을 꺾지 않았다. 나의 강점을 최대한 살려 타의 추종을 불허하는 강점으로 만드는 것만이 우리가 살 길이라 믿었다. 그때 우리는 천길 낭떠러지 끝에 대롱대롱 매달려 구조를 기다리는 상황이나 진배없었다. 나는 콘트롤크림이야말로 우리를 구조해줄 헬기라고 확신했다.

잘 팔리는 만큼 그 이익을 어떻게 고객들에게 되돌려줄지 생각해야 한다

1994년 8월, 마침내 발매에 들어간 콘트롤크림은 95년부터 120만 개가 팔려나가면서 부도 위기에 처해 있던 참존을 다시 일으켜 세웠다. 품질도 품질이지만 200그램이라는 용량과 저렴한 가격이 소비자에게 크게 먹혀들어갔다.

그해 연말에 120만 개가 판매된 사실을 확인한 나는 이제 이익을 소비자에게 돌려줄 때라고 생각했다. 2만 2천 원 하던 콘트롤크림 가격을 1만 9천 원으로 인하한 것이다. 판매 신장으로 생산원가가 절감된 탓에 가격을 내리는 것은 아무런 문제도 되지 않았다. 오히려 이듬해에는 150만 개가 팔려나가면서 회사에 엄청난 이익을 안겨주었다. 나는 150만 개 판매 돌파를 기념해 다시 한번 소비자에게 감사의 뜻을 전하기로 했다. 이번에는 가격을 내리는 대신 원료를 더 넣었다. 그러자 소비자들의 입에서 '96년도에 나온 콘트롤크림을 쓰다가 97년도 제품을 쓰면 보리밥 먹다 쌀밥 먹는 기분'이라는 소리가 나왔다.

참존 역사상 초유의 베스트셀러로 떠오른 콘트롤크림은 98년도에 들어 다시 한번 업그레이드되었다. 콘트롤크림에 에센스 성분을 더한 뉴 콘트롤크림을 출시하게 된 것이다. 하지만 가격과 용량에는 변화가 없었다. 오히려 50그램짜리 휴대용 제품을 하나 더 끼워주기까지 했다.

단 주발형 용기만은 과감하게 튜브형으로 바꾸었다. 당시 고객의 소리인 엽서를 통해 다 쓴 콘트롤크림 용기를 처리하기가 곤란하다는 의견이 자주 올라왔기 때문이다. 이렇게 만들어진 뉴 콘트롤크림은 국내 시장은 물론 일본 시장에까지 알려져 '뉴콘'이라는 애칭으로 불리면서 꾸준하게 사랑받고 있다.

사실 우리나라 기업들은 제품이 조금 잘 팔린다 싶으면 이내 마음을 놓아버린다. 심지어 품질 관리는 소홀히 하면서 가격만 올리는 일도 허다하다. 그러나 우리는 단 한순간도 제품을 개선해나가려는 노력을 멈춘 적이 없다. 때로는 주력 상품을 포기하면서까지도 말이다. "새롭게, 더 새롭게. 고객이 원하면 참존은 합니다"라는 청개구리 박사의 멘트를 실천하기 위해 끊임없이 노력했던 결과라고 하겠다. 그리고 그런 변화의 노력이야말로 오늘날의 참존을 있게 한 원동력이었다.

변신의 부자가 되어라

♛ 옛날 지구 상에는 '메가케로스'라는 사슴이 살았다고 한다. 그 사슴들은 아주 거대한 뿔을 가지고 있었는데 항상 그 커다란 뿔을 최고의 자랑으로 여겼다. 하지만 얼마 지나지 않아 이 사슴들은 불행히도 멸종되고 말았다. 이유는 그들이 최고의 자랑으로 여겼던 바로 그 거대한 뿔 때문이었다. 뿔의 무게에 눌려 새끼를 번식하는 데 실패했던 것이다. 자부심과 긍지의 상징이었던 뿔이 오히려 멸종의 원인이 된 셈이다.

기업을 경영하면서 종종 경험하곤 한다. 조그마한 성공에 도취되다보면 그 성공의 그늘에 가려 있는 문제점을 잊어버린다는 것을. 그러지 않기 위해선 항상 '왜?'라고 묻는 습관이 필요하다. 왜 나는 지금 성공하고 있는가? 왜 나는 실패했던 것일까? 왜 소비자들은 이 제품을 좋아할까, 또는 싫어할까? 메가케로스처럼 거대한 뿔의 아름다움에만 도취해 있는 사람들은 스스로에게 '왜?'라고 물어볼 줄 모른다. 다만 현실에 안주해 있을 뿐이다.

물론 그동안 다른 사람들은 열심히 앞으로 뛰어나가고 있다.

더 나은 성장을 위해서…. 항상 무슨 일에나 '왜?'를 붙이는 습관, 그것이 나의 생활과 사업을 새롭게 더 새롭게 개선시켜주었다.

08 급히 먹은 떡은 체한다
기다릴 줄 아는 여유를 배워라

| **기다림의 부자가 되어라** |

사업을 하자면 강력한 추진력도 중요하지만, 그와 아울러 느긋하게 기다릴 줄 아는 여유도 배워야 한다. 기다림의 미학을 모르면 늘 불안초조해지고 그러다 보면 자칫 시야가 좁아져 결정적인 순간을 놓쳐버리기 쉽다. 확실하게 밀어붙여야 할 때 오히려 힘이 빠져 제대로 실력 발휘를 할 수 없는 것이다. 천천히 때를 기다리며 치밀하게 계획하고 성공의 기회가 왔을 때 주저없이 달려들 수 있는 힘은 바로 여유 있는 기다림에서 비롯된다. 특히 세상이 발빠르게 돌아가면 돌아갈수록 기다림의 미학은 훨씬 더 빛을 발한다.

'탑뉴스'라는 제품이야말로 우리에게 기다림의 미학이 얼마나 아름다운지, 느림보의 성공 원리가 어떤 것인지를 보여주었던 대표적인 본보기다. 또 아시아나와 대한항공에 국산 화장품으로는 처음으로 기내 면세품에 오르는 쾌거를 이뤄낸 제품이기도 하다.

국산 화장품으로는 처음으로
기내 면세품이 되어 비행기를 타다

원래 탑뉴스는 남성용으로 만들어졌다. 여성들만의 전용품으로 여겨지던 영양크림과 에센스를 남성화장품화하기 위해 개발해낸 제품이다. 그래서 이름을 붙일 때도 좀더 남성적인 이미지를 부각시키려 했고, 그렇게 해서 붙여진 것이 바로 '탑뉴스'다. 하지만 곧이어 여성용 화장품도 같이 개발했다.

이 제품은 "탑뉴스가 하늘에서 지상으로 내려옵니다"라는 광고가 말해주듯 시장에 나오기도 전에 기내 면세품으로 탑재되면서 세상에 알려졌다. 뿐만 아니라 항공사 측에서 먼저 알고 탑재를 요구해온 제품이기도 하다. 우리는 새 제품을 개발하면 금방 시장으로 출시하지 않고 그 전에 충분히 샘플 시험 기간을 두고 있고 문제점이 발견되면 여유를 갖고 개선해나간다. 대량의 샘플을 제작하여 많은 사람들로 하여금 직접 써보게 하면서 보다 좋은 제품을 개발하는 것이다. 시험 기간은 제품에 따라 다른데 어떤 제품은 몇 년씩 뜸을 들이기도 한다. 탑뉴스도 그중의 하나였다.

그런데 1994년 어느 날이었다. 아시아나 항공사에서 의외의 전화를 걸어 깜짝 놀랄 만한 요구를 해왔다.

"참존에 탑뉴스라는 제품이 있다고 들었는데, 맞습니까?"

"예, 그렇긴 하지만 아직 판매하고 있진 않습니다."

"그러세요. 그래도 한번 갖고 들어와보시겠어요? 기내 면세품으로 실으면 어떨까 해서요."

당시 탑뉴스는 출시조차 하지 않은 제품이었다. 91년도에 만들어놓았지만 시장에서 요구가 생겨날 때까지 출시를 미뤄두고 있었던 것이다. 그런 상황이었으니 아시아나 항공사에서 탑뉴스란 제품을 어떤 경로로 알아냈는지 도무지 짐작할 수가 없었다.

그때 퍼뜩 머릿속을 스쳐간 것이 원주공장에서 열리는 세미나였다. 그즈음 우리는 세미나에 초대된 고객들에게 탑뉴스 제품을 샘플로 만들어 나눠주고 있었다. 그 샘플을 받아갔던 고객 중에 아시아나 항공사에서 상당히 영향력을 행사하는 분의 부인이 끼어 있었던 모양이다.

사정이야 어찌 됐든 간에 아무튼 우리로선 반갑기 그지없는 일이었다. 나는 당장 비서실장을 아시아나 항공사로 보냈다. 그러나 비서실장은 바로 아시아나 항공사로 가지 않고 우선 대한항공사부터 들러 이 사실을 귀띔해주었다. 나름대로 기지를 발휘한 것이다.

"제가 지금 탑뉴스라는 제품을 가지고 아시아나 항공사에 가는 길입니다. 아시아나에서 이 제품을 탑재하겠다고 해서 말입니다. 그나저나 대한항공에서도 우리 제품을 서두르셔야겠습니다. 고객들이 아시아나에는 참존 제품이 실려 있는데, 대한항공에는 왜 없냐고 하면 큰일 아닙니까."

대한항공에서는 시답지 않은 소리 말라는 반응을 보였다. '최고급 외제 화장품도 탑재를 해달라고 줄을 서 있는 판인데 고객들이 거들떠보지도 않는 국산 화장품을 왜 싣겠느냐'는 것이었다. 하지만 참존 제품을 탑재하는 일은 절대로 없을 거라던 대한항공의 호언장담은 반 년도 안 돼 무너지고 말았다.

사실 94년 7월 처음으로 탑뉴스를 아시아나 항공 기내 면세품으로 탑재시켰을 때만 해도 내심 걱정이 이만저만이 아니었다. 항공 운항 사업은 공간을 파는 장사라 해도 지나친 말이 아니다. 제아무리 잘 만든 제품이라 해도 두 달만 안 팔리면 무조건 비행기에서 내려야 한다. 안 팔리는 제품을 싣고 다녀봤자 쓸데없이 공간만 잡아먹기 때문이다.

그런데 뜻밖에도 탑재 20일째 바로 재주문이 들어왔다. 탑뉴스 제품 샘플을 써본 고객들이 시중에서는 구할 길이 없어 애를 태우다가 비행기에서 발견하고는 있는 대로 사가는 바람에 금세 동이 나버린 것이다. 심지어는 한 고객이 한꺼번에 10세트를 구입했다는 소식이 전해져오기도 했다. 제품을 만들어놓고 몇 년씩 뜸을 들이며 소비자를 애태운 보람이 있었다.

탑뉴스가 하늘에서 지상으로 내려옵니다

　　　　　　　　　　　　　연말이 되자 이번에는 대한항공 측에서 제품을 가지고 오라고 연락을 해왔다. 참존화장품을 실을 일은 절대로 없을 거라고 장담을 했었지만 고객들이 원하는 데야 어쩔 도리가 없었던 것이다. 게다가 아시아나 항공에 탑재된 탑뉴스 제품이 불티나게 팔려나간다는 소문까지 들려오자 은근히 긴장이 되었던 모양이었다. 결국 95년 1월 1일부터는 대한항공에서도 우리 제품을 탑재하게 되었다.

　지금까지 대한항공 기내 면세품으로 판매되고 있는 제품은 콤비세트이다. 크림엣센스 사이토케어와 알바트로스 크림을 묶은 콤비세트는 탑뉴스 못지않게 인기를 끌고 있다.

　98년 외환위기가 닥쳐오자 우리 제품은 더욱 진가를 발휘했다. 원화 가치가 떨어지자 항공사에서 비싼 외제 화장품 대신 품질은 좋고 가격은 저렴한 우리 제품을 기내 화장실 비치품으로 채택했다. 남성용 화장품인 스카이맨은 프랑스 제품인 재규어를 밀어내고 퍼스트 클래스와 비즈니스 클래스 화장실에 들어갔으며, 여성 전용 화장실에도 참존 제품들이 놓이게 되었다. 우리 제품이 달러 유출 방지에도 단단히 한몫을 했던 것이다.

두 제품이 기내 비치품으로 선정되자 우리의 주가는 하늘 높은 줄 모르고 뛰어오르기 시작했다. 외환위기라는 특수 상황이 우리에게 다소 유리한 여건을 조성해주기는 했지만 그것만이 전부는 아니었다. 이런 일에는 줄도 백도 통하지 않는다. 오로지 품질 하나로 승부해야 한다. 소비자들도 그 점을 익히 알고 있었기에 우리 제품에 대한 신뢰는 더더욱 높아질 수밖에 없었다.

그해 우리는 탑뉴스 한 종목만으로 대리점을 모집하여 100억 원의 매출을 달성할 수 있었다. 비행기에서만 팔리던 탑뉴스가 지상으로 내려와 다시 히트를 친 셈이다. 이어 99년에는 다시 두 가지 종류의 에센스를 묶은 탑뉴스 촉촉팽팽 세트와, 탑뉴스 제품을 한 단계 더 업그레이드한 탑뉴스 플러스를 아시아나 항공에 기내 면세품으로 납품하게 되었다.

또한 2011년 12월부터는 순금 성분이 99.9퍼센트 함유된 스킨타운 골드 크림과 골드 앰플까지 다양한 제품이 기내에 오르고 있다.

이제 참존은 기내에서뿐만 아니라 미국, 일본, 중국, 캐나다, 호주, 대만, 말레이시아 등 동남아시아, 그리고 남아프리카 공화국 등지에서도 당당히 '메이드 인 코리아'를 단 채 팔려나가고 있다. 어느덧 우리도 세계 유수의 화장품과 당당히 어깨를 겨루며 세계 속의 참존으로 자리 잡아가고 있는 것이다.

09 찾아오게 만들어라
그것이 제품의 생명이다
| 집념의 부자가 되어라 |

지난 99년 5월쯤 참존 일본 지사에서 아주 흥미로운 소식을 전해왔다. 다카미네 유미라는 스물아홉 살 난 일본인 웹마스터가 자신의 홈페이지를 통해 참존 제품을 소개하고 있다는 것이었다.

다카미네 유미는 피부 트러블 때문에 심각한 고민에 빠져 있다가 참존 뉴 콘트롤크림으로 효과를 본 고객이었다. 그이는 그 놀라운 경험을 혼자서 간직하기가 아까워서 홈페이지에 경험담을 올려놓고 비슷한 고민을 가진 네티즌이 나타나면 참존의 일본 지사에서 샘플을 얻어 나누어주곤 했단다. 자신의 홈페이지를 알리기 위한 방편이었는지는 몰라도 우리로선 여간 반가운 일이 아닐 수 없었다.

사실 나이 든 일본 여성들은 일본 제국주의 시절을 경험했던 탓에 한국산 제품이라면 무조건 무시하고 보는 습성이 있다. 하지만 전후 세대들은 그런 편견이 없다. 품질이 좋으면 한국산이든 중국산이든 상관없이 구입해 쓴다. 더구나 네티즌들에게 국경이 있을 리 없다. 하지만 다카미네 유미가 나타나기 전까지 우리는 인터넷을 통해 일본 여성들에게 우리 제품을 알린다는 건 생각지도 못했다. 그런데 스물아홉 살밖에 안 된 일본 여성이 우리보다 먼저, 그것도 혼자서 그 일을 하고 있었다.

다카미네 유미의 홈페이지는 일본의 젊은 여성 네티즌 사이에서 커다란 반향을 불러일으켰다. 그들은 뉴 콘트롤크림에 '뉴콘'이라는 애칭을 붙이는가 하면 뉴 콘트롤크림으로 마사지를 하면 피부 노폐물이 보글보글 떠오르는 현상에 빗대 '뽀로뽀로 필승법'이라는 신조어를 만들어 유행시키기도 했다.

그것만이 아니다. 일본의 유명한 화장품 정보교환 사이트에서 최고의 화장품을 가리는 이벤트를 벌인 적이 있다. 네티즌들에게 자신이 써본 화장품 중에서 가장 좋았던 제품 이름을 써내게 해서 정해진 숫자를 넘어서면 별을 하나씩 달아주는 이벤트였다. 그런데 그 이벤트에서 별 일곱 개를 받아 최고의 화장품으로 뽑힌 제품이 바로 우리 뉴 콘트롤크림이었다.

사실 뉴 콘트롤크림이 이렇게 유명세를 타게 된 데에는 다카미네 유미의 공이 크다. 하지만 해외 시장, 특히 일본 시장을 개척하기 위해 우리가 쏟아왔던 노력 또한 무시할 수 없다.

미국에서도 먹혀든 샘플 전략

기업이 성공해나가기 위해서는 창조적인 전략과 전술도 중요하지만 그보다 더 중요한 것이 비전이다. 뚜렷한 비전이 없는 기업은 나침반 없이 망망대해를 떠도는 배나 다를 바 없다. 기업 활동을 통해 도달하고자 하는 목표가 있어야만 전략과 전술도 제대로 빛을 발한다.

우리는 창업 이념에 명시된 '참존이 있어 세계 여성이 아름답다'는 말이 보여주듯 참존을 세계 제일의 명품 브랜드로 만드는 것을 목표로 삼아왔다. 때문에 어렵던 창업 초기부터도 끊임없이 해외 시장으로 진출할 기회를 노렸다.

참존 제품의 미국 시장 진출은 아주 우연한 기회에 이루어졌다. 1987년 시카고에서 온 교포가 데이나이트 맛사지크림 5백만 원어치를 구입해간 것이 그 계기였다. 그이는 고국의 친구에게 선물하려고 외제 화장품을 사 왔다가 되려 데이나이트 맛사지크림을 소개받아 써보고는 홀딱 반해버렸다고 한다. 외제 화장품을 두루 써본 교포가 흡족해할 정도면 미국 시장에 진출해도 승산이 없지 않겠다는 생각이 들었다.

우리는 우선 그 교포가 살고 있는 시카고를 기점으로 삼아 미국 시장 개척에 나섰다. 그러나 해외 시장을 개척하는 일은 생각만큼 녹록치가 않았다. 그 중에서도 가장 문제가 된 것은 '메이드 인 코리아'라는 표시였다. "제품이 좋은 줄은 알겠는데 메이드 인 코리아라고 하면 아무도 안 산다. 그 말만 좀 빼라"는 요구가 빗발쳤다. 주문자 생산방식(OEM)으로 제작한 제품인 것처럼 위장이라도 해서 팔라는 소리였다. 하지만 우리는 끝까지 '메이드 인 코리아'를 포기하지 않았다. 그럴수록 정공법으로 승부해서 한국 제품에 대한 편견을 뿌리뽑겠다는 투지가 샘솟았다.

우리가 선택한 정공법은 다름 아닌 샘플 전략이었다. 품질에는 국경이 없다. 제아무리 미국 사람이라도 일단 샘플을 써보면 우리 제품을 찾을 수밖에 없으리라고 확신했다. 그리고 그 생각은 틀리지 않았다.

교포 사회를 중심으로 알려지기 시작한 우리 제품의 명성은 마침내 다른 민족의 마음까지 움직였다. 결국은 미국에서도 보수적이기로 이름난 뉴욕과 워싱턴, 필라델피아, 보스톤 등에서도 우리의 품질제일주의 앞에 무릎을 꿇고 말았다.

우리가 미국 시장에 진출한 지도 어언 26년. 1991년에 미국 현지법인을 설립한 후 2004년에는 로스엔젤레스에 법인을, 2009년에는 뉴욕 스킨타운을 열고 연 매출 50만 달러 이상의 소득을 올리고 있다.

일본 후지산 정상에 오른 청개구리

우리가 미국에 이어 공략 대상으로 삼은 곳은 이웃 나라 일본이었다. 그때 우리는 "일본 후지산 정상에 오른 청개구리"라는 이색적인 광고 문안을 내놓기도 했다. 하지만 일본은 가깝지만 너무 먼 나라였다. 일본 시장의 문턱은 미국 시장보다 훨씬 더 높았다.

우선 우리 제품을 일본으로 들여갈 길부터가 막연했다. 일본인 수입업자가 우리 제품을 수입하겠다고 나서주기만 하면 문제는 수월해질 터였다. 그러나 그런 사람이 있을 리 만무했다. 결국 우리가 직접 일본 후생성에서 판매허가를 따내고 현지법인을 세워 우리 제품을 수입하는 수밖에 없었다.

그즈음 지인이 일본에 레브론이라는 제품을 들여와 성공시킨 팀의 일원이라며 일본인 사토를 소개해왔다.

우리 계획을 들은 사토는 후생성 판매 허가를 얻어내는 일부터 현지법인을 세워 경영하는 일까지 모두 자기가 맡겠노라고 큰소리를 쳤다. 나는 아무래도 일본인을 현지 사장으로 내세우는 편이 유리하겠다는 생각에 사토에게 모든 것을 일임했다.

그러나 일본 시장 개척은 1992년 4월 후생성 판매 허가를 따내 현지법인을 설립한 것을 마지막으로 아무런 진전 없이 제

자리걸음만 거듭했다. 후생성 관리들에게 로비를 한다, 일본인 직원을 고용한다 하면서 벌써부터 초기 투자분 10만 달러를 모두 날려버린 사토는 이런저런 이유를 대며 끊임없이 돈을 요구해왔다. 해마다 막대한 금액이 일본 현지법인으로 흘러 들어갔다.

그렇게 몇 년이 지나자 더 이상 사토에게 일본 시장 개척을 맡겨두어서는 안 되겠다는 생각이 들었다. 그런 낌새를 챈 사토는 레브론 팀의 리더였던 나가가키 사장을 만나보라고 제안을 해왔다. 어떻게든 책임 회피를 해보려는 수작인 줄은 알지만 일단 나가가키를 만나 무슨 이야기를 하는지 들어보기로 했다.

나가가키는 나를 보자마자 한껏 거드름을 피우면서 외제 화장품에 대한 일본 여성들의 인지도에 대해 장광설을 늘어놓기 시작했다.

"우리 일본 여성들은 프랑스제 화장품이라면 아주 사족을 못 씁니다. 메이드 인 프랑스가 붙어 있으면 1만 엔이라도 망설이지 않고 구입하지요. 그에 비해 메이드 인 저팬은 8천 엔, 메이드 인 USA는 5천 엔, 메이드 인 싱가포르는 1천2백 엔, 메이드 인 타이완은 8백 엔대라야 구입을 합니다."

여기까지는 그럭저럭 참고 들어줄 만했다.

"그러면 메이드 인 코리아가 붙은 제품은 얼마나 하는 줄 아십니까? 더도 말고 덜도 말고 딱 6백 엔입니다. 연전에 한국 굴지의 화장품 회사에서 6백 엔을 붙여야 할 제품에 3천 엔을 붙인 적이 있지요. 그 제품이 어떻게 됐는지 아십니까? 3년 동안 풀어보지도 못하고 창고 속에 처박아두었다가 도로 가지고 갔습니다. 오야마라는 회사에서 3백만 달러어치를 수입했다가 고스란히 반품했지요. 그런데 참존은 3천 엔이 아니라 1만 엔짜리 제품도 있더군요. 도대체 뭘 알고 오신 겁니까, 모르고 오신 겁니까? 김사장, 당신은 정말 돈키호테요. 일본을 몰라도 너무 모르는군요. 가격을 그렇게 붙여놓고 제품이 팔리기를 바라는 겁니까?"

나는 속이 부글부글 끓어오르는 것을 억지로 참고 물었다.

"그럼 나가가키 사장은 우리가 어떻게 해야 된다고 생각하십니까?"

"꼭 그 가격으로 승부를 보겠다면 다른 방법이 없습니다. 1년에 100억 엔씩 광고비에 투자하십시오. 아마도 앞으로 7년은 그렇게 해야 될 겁니다. 물론 결과는 장담할 수 없지만 말입니다."

화가 머리끝까지 치밀어오른 나는 통역을 맡은 김옥남 고문에게 말했다.

"김고문, 지금부터 내가 하는 말 그대로 전하세요. 설혹 듣기 싫은 소리가 있다 해도 토씨 하나 빼놓지 말고 그대로 통역해야 합니다."

김고문이 고개를 끄덕였다.

"나가가키 사장의 충고는 고맙습니다. 참고가 많이 됐습니다. 물론 나도 그런 사정을 모르고 있었던 건 아닙니다. 하지만 나가가키 사장도 한 가지 알아둬야 할 것이 있습니다. 화장품에 대해 까다롭기로 치자면 우리 한국 여성들이 일본 여성들보다 더하면 더했지 덜하지는 않을 겁니다. 참존이 그런 한국 여성들을 사로잡은 비결이 무언지 아십니까? 바로 품질입니다. 나는 창업 초기에 광고비가 없어서 샘플을 나눠주는 방법으로 우리 제품을 알렸습니다. 샘플을 써본 소비자들이 하나둘 본품을 찾기 시작한 것이 오늘에 이르렀지요. 나는 일본 여성들에게도 같은 방법을 쓸 작정입니다. 시간이 걸리기는 하겠지만 언젠가는 일본 여성들이 먼저 우리 제품을 찾을 날이 있을 겁니다. 당신 부인도 결코 예외는 아니지요. 기대하시오, 나가가키 사장. 일본 시장의 두터운 벽을 넘는 것은 당신이 말하는 판매 전략이나 전술이 아니라 품질이라는 것을 보여줄 테니 말이오."

하지만 나가가키는 코웃음을 칠 뿐이었다.

그로부터 얼마 지나지 않아 사토가 서울 본사로 찾아왔다. 4천만 엔을 주고 자기 앞으로 되어 있는 일본 현지법인을 인수해가라는 것이었다. 나는 단호히 고개를 가로저었다.

"필요 없소. 참존 저팬은 당신이 가지시오. 우리는 여기서 손을 떼겠소."

사토는 금세 사색이 되어 내 앞에 무릎을 꿇었다. 아무것도 필요없으니 참존 저팬만 인수해달라는 것이었다. 참존 저팬 이름으로 대출받은 1천2백만 엔이 고스란히 제 앞으로 되돌아오게 생겼으니 그럴 만도 했다. 우리는 못 이기는 척 대출금 1천2백만 엔을 갚아주고 참존 저팬을 되찾았다.

친절로 일본 여성들을 굴복시킨 세미나 전략

사토가 물러난 뒤 사업 경험이 풍부하고 일본어에 능통한 한국인 사장을 파견해 체제를 정비하게 했지만 참존 저팬은 별반 나아지는 기미를 보이지 않았다. 현상 유지를 하는 데만도 월 3백만 엔에 이르는 돈이 들어갔다. 몇 해 전 참존을 주식 시장에 상장하려 했을 때도 참존 저팬이 걸림돌이 되었다. 다른 부문은 흑자의 연속인데 참존 저팬만 적자의 구덩이에서 헤어나지 못하고 있었다.

중역들은 하루빨리 참존 저팬에서 손을 떼야 한다고 야단들이었다. 하지만 나는 끝까지 고집을 꺾지 않았다.

"그 정도 적자로 우리 회사 망하지 않습니다. 옛말에 이르기를 가다가 중지하면 아니 감만 못하다고 하지 않던가요. 가다가 되돌아온다는 것은 내 사전에 없습니다."

물론 고집만으로 쓰러져가는 참존 저팬을 다시 일으켜 세울 수는 없었다. 생각다 못한 나는 98년부터 직접 일본 전역을 돌면서 재일본 대한부인회를 대상으로 세미나를 열기 시작했다. 대한부인회 회원들 사이에서 소문이 돌자 일본 여성들을 끌어들이는 것도 그리 어려운 일만은 아니었다. 나는 일본 여성들이 10명만 모인 자리라도 어디든 마다않고 달려가 세미나를 열었다. 일본 여성들은 그런 나를 보고 입을 다물지 못했다.

"친절이라면 우리 일본인을 따라올 국민이 없는 줄 알았어요. 그런데 당신은 우리보다 한 수 위네요. 설마 우리들 몇 명을 위해서 한국에서 여기까지 와서 서비스를 해줄 줄은 정말 몰랐어요. 당신네 회사 같은 곳은 보다보다 처음입니다."

세미나 전략이 조금씩 효과를 나타내기 시작할 무렵, 나타난 사람이 바로 다카미네 유미였다. 그 후 다카미네 유미의 활동은 세미나 전략과 함께 참존을 일본에 알려나가는 쌍두마차가 되었다.

지난 99년 11월 서울 본사를 방문한 다카미네 유미는 일본 전역에 대한 통신판매 독점권을 요구해왔다. 우리는 기꺼이 그

이의 요구를 받아들였다. 우리가 미처 생각지 못했던 것을 생각해내고 실천에 옮긴 그이의 노고에 대해 정당한 대가를 치러야 한다고 생각했기 때문이다. 그이가 비록 외국인이라 해도 말이다.

다카미네 유미는 귀국하자마자 사이버 쇼핑몰을 열고 야후 저팬과 링크하여 활발한 통신판매 활동을 펼쳐나갔다. 이어 오사카에 있는 '러브 앤 피플'이라는 유통 회사에서도 우리 제품을 취급하고 싶다고 연락을 해왔다. 오랜 노력이 마침내 결실을 맺기 시작한 것이다.

일본을 넘어 세계를 향해 뛴다

2000년도를 전후하여 일본 여성들 사이에서 서울 여행이 인기를 끌고 있다고 한다. 지리적으로 가까우면서도 일본보다 물가가 싸서 적은 돈으로 다양한 문화 및 미용 체험을 할 수 있기 때문이란다. 이에 발맞추어 일본 여성지에서도 서울의 명소나 유명 상품을 소개하는 기사를 자주 내보내고 있다. 그런데 이런 기사에 빠지지 않고 소개되는 제품이 바로 우리의 뉴 콘트롤크림이다.

그때 월 70만 부의 발행 부수를 자랑하는 일본의 패션 미용 잡지 〈비비(VIVI)〉는 2000년 6월호 특별 부록 '서울에 가자'에서 빠뜨리지 말아야 할 쇼핑 품목으로 뉴 콘트롤크림을 적극 추천했다.

일본 미시족들이 즐겨보는 잡지 〈마인(MINE)〉도 "지금 서울 여성들에게 가장 인기 있는 화장품은 이것"이라며 뉴 콘트롤크림을 소개한 바 있다. "써본 사람마다 이구동성으로 너무 좋다고 하는 참존 뉴 콘트롤크림, 바르면 잠시 후에 피부의 노폐물이 떠올라와요"라는 친절한 설명까지 덧붙이면서.

한편 일본의 대표적인 신세대 잡지 〈캉캉(CANCAN)〉 역시 "해외 여행 가면 꼭 사다줘"라는 제목으로 세계 각국의 유명 화장품을 소개하면서 한국의 명품으로 뉴 콘트롤크림을 꼽았다.

우리가 먼저 그들을 찾아가 우리 제품을 소개해달라고 부탁한 것도 아니었다. 설사 부탁한다 해도 한국 제품을, 그것도 중소기업 제품을 쉽사리 소개해줄 잡지사들이 아니다. 화장품에 대해 깐깐하기로 소문난 일본 여성들까지 만족시킨 품질과 일본 여성들 사이에서 떠도는 우리 제품에 대한 무성한 입소문. 그것이야말로 일본 유명 여성지들이 앞다투어 우리 제품을 소개하게 된 배경일 것이다.

그러나 우리는 여기에서 만족할 수 없다. 우리의 목표는 일본을 넘어 전세계로 나가는 것이기 때문이다. 그래서 언젠가 전세계 소비자들의 입에서 '참존이 있어 세계 여성이 아름답다'는 말이 나올 수 있도록 하는 것이 우리의 진정한 바람이다. 그것은 더불어 우리의 국가경쟁력을 높이는 길도 될 것이다.

나는 '성공은 꿈꾸는 자의 것'이라는 말을 믿는다. 우리는 오늘도 그 꿈을 향해 한 발짝 한 발짝 앞으로 나아가고 있다.

집념의
부자가 되어라

♛ 일본 여성 다카미네 유미가
운영하는 인터넷 웹사이트와, 러브 앤 피플이라는 유통회사를
통해 우리 제품이 일본 전역으로 퍼져나가면서 참존은 한국 속
에서의 참존만이 아니라 일본 소비자들까지 사로잡는 세계 속
의 참존으로 성장할 수 있었다.

그런데 그 밑바탕엔 우리 제품에 대한 인기도와 아울러 우리
한국 여성들의 아름다움이 깔려 있었다. 매번 일본에 갈 때마
다 느끼는 바지만, 사실 우리나라 여성들이 일본 여성들보다
예쁘고 아름답다는 생각이 든다. 글쎄, 팔은 안으로 굽는 법인
가? 하지만 그건 나만의 생각은 아닌 듯하다. 많은 일본 여성들
도 한국 여성의 아름다움에 부러움을 느끼고 있는 것 같았다.

그래서 우리는 그쪽으로 기본 컨셉을 잡고 제품을 알려나갔
다. 한국 여성들은 왜 예쁜 걸까? 혹시 한국 여성들이 바르는
화장품이 좋은 건 아닐까? 그런 부러움의 심리를 파고들었던
것이 일본 시장 공략의 핵심이었다.

10 최초가 아니면 최고를 추구하라
스스로를 믿을 때 최고가 된다
| 집중의 부자가 되어라 |

참존의 텔레비전 광고 하면 거의 대부분은 청개구리부터 떠올릴 것이다. 벽을 기어오르는 청개구리, 앞으로 통통 튀는 청개구리, 또 흰 가운에 까만 박사모를 쓰고 열심히 설명하는 모습의 청개구리 등등. 참존이 뭘 하는 회사인지 잘 모르는 사람이라도 청개구리 광고를 얘기하면 '아하, 그거!' 하는 분들이 꽤 많지 않을까 싶다. 그만큼 청개구리 광고는 참존의 이미지를 굳히는 데 큰 몫을 해냈다.

하지만 사실 그 전에도 텔레비전 광고를 제작해 공중파를 탔던 적이 있다. 그때는 다른 화장품회사처럼 모델을 써서 광고를 만들었는데, 청개구리만큼은 아니었지만 "샘플만 써봐도 알아요"라는 광고 문구로 많은 사람들의 기억 속에 우리의 이미지를 심어주는 계기가 되었다.

"샘플만 써봐도 알아요."

이후 우리의 캐치프레이즈가 된 이 멘트는 사실 카피라이터나 CF 감독이 만들어냈던 게 아니었다.

샘플만 써봐도 알아요?
조금 촌스러운데요

데이나이트 맛사지크림이 히트를 치면서 회사 형편이 조금씩 나아지기 시작할 무렵이었다. 이제는 광고 쪽에도 신경을 써야겠다는 생각이 들었다.

우선 텔레비전 광고를 내보내기로 했다. 그런데 무명 모델을 기용한 첫 번째 광고는 반응이 신통치가 않았다. 방영이 가뭄에 콩 나듯 되는 데다 모델의 인지도까지 떨어지다보니 반응이 있을래야 있을 수가 없었다. 그 다음 번엔 좀더 나은 모델을 써보았지만 결과는 마찬가지였다.

몇 번의 실패를 겪고 나자 광고 역시 남들 하는 대로 따라해서는 성공할 수 없다는 판단이 섰다. 그렇지 않아도 남들이 열 번 내보낼 때 우리는 한 번밖에 내보내지 못하는 광고였다. 결국 한 번을 내보내도 열 번을 내보낸 것 같은 효과를 발휘하는 광고를 만드는 수밖에 없었다.

광고회사에 이런 내 생각을 알리고 콘티를 짜보게 했지만 아무리 해도 마음에 쏙 드는 콘티가 나오지 않았다. 화장품 광고는 무조건 아름다운 모델로 승부해야 한다고 믿어왔던 그들에게 내 주문은 마치 남자더러 아이를 배어 낳아오라는 소리나

다름없었다.

그러던 어느 날이었다. 제주도에서 밤늦게 돌아와보니 광고회사 직원 대여섯 명이 우리 집 거실에 진을 치고 있었다. 그들은 나를 보자마자 다섯 편의 콘티를 내놓으며 그중에 한 편을 고르라고 다그쳤다. 다음날 새벽 5시부터 촬영에 들어갈 수 있도록 모든 준비를 갖춰놓았다는 것이다. 하지만 다섯 편의 콘티 가운데 마음에 드는 것은 단 한 편도 없었다. 보여주는 족족 고개를 내젓자 그쪽에서도 약이 오를 대로 올랐다.

"사장님, 지금 사람 놀리시는 겁니까? 내일 새벽 촬영에 못 들어가면 저희는 돈 백만 원을 고스란히 날리게 됩니다. 반대를 하셔도 무슨 대안을 가지고 반대를 하셔야죠."

이때다 싶었다. 나는 기다렸다는 듯이 반격을 했다.

"방금 대안을 갖고 반대를 하라고 했나요? 그럼 내가 대안을 내놓으면 그대로 할래요?"

"이제 와서 별수 있습니까. 사장님 하라시는 대로 해야죠."

촬영감독이 마지못해 고개를 끄덕였다.

"그러면 내가 부르는 대로 받아쓰세요. 자, 지금 여기는 방송국 분장실입니다. 막 녹화를 마치고 나온 강부자 씨가 화장을 지우고 참존 맛사지크림을 바르고 있어요. 그때 문이 살짝 열리면서 강부자 씨한테 '피부관리에 대해 한 말씀!' 하는 거예요.

질문하는 사람은 보일 필요도 없어요. 안면이 있는 탤런트나 기자 정도로 해두죠. 그러면 강부자 씨가 참존 맛사지크림을 들어 보이면서 '저는 지난 3년 동안 이 참존 맛사지크림만 써왔습니다' 하는 거죠. 다시 질문자가 '참존 맛사지크림이 그렇게 좋아요?' 하고 물으면 강부자 씨가 '네, 제가 써보니까 정말 기가 막히게 좋아요' 하는 거예요."

그런데 막상 이야기를 해놓고 보니 마지막 멘트가 영 마음에 들지 않았다. 좀더 그럴듯한 멘트가 없을까 머리를 쥐어짜던 중에 전광석화처럼 스쳐가는 한 마디가 있었다. 그것이 바로 '샘플만 써봐도 알아요'였다. 나는 얼른 감독에게 정정을 요구했다.

"아, 마지막 멘트를 바꿉시다. '참존 맛사지크림, 샘플만 써봐도 알아요'로 하지요. 그리고 그 밑에 '샘플은 화장품 전문점에서 드립니다'라고 자막을 넣으세요."

"샘플만 써봐도 알아요? 조금 촌스러운데요."

감독이 제동을 걸어왔다. 하지만 나는 뜻을 굽힐 생각이 추호도 없었다.

샘플만 써보세요, 샘플을 써보면 알아요, 샘플로 확인하세요….

아무리 곱씹어봐도 '샘플만 써봐도 알아요'만큼 흡족한 말이 없었다. 그 아홉 글자가 품질에 대한 우리의 자신감을 고스란히 담고 있는 것 같았다.

"그 말 안 넣을 거면 이 광고 찍을 필요 없습니다."

내 단호한 어투에 찔끔한 감독이 재빨리 말꼬리를 돌렸다.

"그건 그렇고, 이 밤중에 강부자 씨를 어떻게 섭외합니까?"

"모델은 꼭 강부자 씨가 아니라도 좋아요. 누구라도 섭외되는 사람으로 하세요."

소비자에게 전달하고 싶은 메시지가 정해진 이상 모델은 누가 되어도 좋다는 생각이 들었다.

감독은 부랴부랴 당시 MBC 리포터로 활약하던 분을 섭외해 하루 만에 광고를 완성했다. 시간을 더 끌어봐야 득 될 것이 없다고 판단한 것이다.

마치 번갯불에 콩 구워 먹듯 만들어진 광고였지만 반응은 나쁘지 않았다. 광고가 나가자마자 샘플을 달라는 전화가 빗발치기 시작했다. '샘플만 써봐도 알아요'라는 한 마디가 소비자들의 마음을 움직인 것이다.

물론 그 말이 하룻밤 사이에 하늘에서 뚝 떨어진 건 아니었다. 그것은 우리의 오랜 광고 전략이자 생존 전략 그 자체였다.

샘플 전략의 모체는
피보약국 시절의 샘플 아줌마

창업 초기 제품을 만들어놓고 광고를 내보낼 여력이 없어 고심하고 있을 때였다. 애써 모집해놓은 대리점 점주들도 날마다 광고를 하라고 성화였다.

"광고 언제 해요? 광고 안 해요? 그럼 대리점 못 하죠."

소매점에서도 광고를 해서 소비자들이 찾으면 그때 가지고 오라며 위탁판매조차 거절했다. 사실 업계의 후발주자가 광고 한 번 안 하고 제품을 내놓는다는 건 그야말로 자살행위나 진배없었다.

그때 떠오른 묘책이 바로 샘플 전략이었다. 피보약국 시절, 우리 약국에는 일년 365일 서울 시내를 돌아다니며 조제약 샘플을 나누어주는 샘플 아줌마가 있었다. 많이도 아니고 하루에 딱 300개씩만 가지고 나가 뿌리는데도 텔레비전 광고나 라디오 광고, 신문 광고가 샘플 아줌마의 위력을 당해내지 못했다. 당시 피보약국이 라디오 캠페인 협찬을 수년 동안 했는데도 그걸 듣고 찾아왔다는 사람보다 아줌마가 나눠준 샘플을 써보고 찾아왔다는 사람이 더 많았다.

화장품도 그 방법을 이용하면 못 팔 것도 없겠다는 생각이 들었다.

나는 즉시 가진 돈을 모두 털어 샘플을 대량으로 만들어 뿌리기 시작했다. 그러자 텔레비전 광고만큼 즉각적이지는 않아도 반응이 오기 시작했다. 샘플을 받아서 써본 사람들을 통해 입소문이 나기 시작한 것이다. 변변히 광고 한 번 못 해본 마사지크림이 히트를 친 것도 순전히 그 입소문 때문이었다. 대리점이나 소매점에서 광고하라는 소리가 쑥 들어간 것은 말할 것도 없었다.

"샘플만 써봐도 알아요."

이 광고가 나가면서 샘플 전략은 더욱 빛을 발하기 시작했다. 예전엔 우리 쪽에서 찾아다니며 나눠주던 샘플을 이제는 소비자들이 직접 찾아와서 받아가기 시작했다. 그리고 샘플을 받아 써본 소비자들은 빠르게 우리 고객층으로 흡수되었다.

샘플 전략이 먹혀든 것은 뭐니 뭐니 해도 100퍼센트 소비자에게 이득이 되는 광고 전략인 까닭이다.

첫째, 샘플은 공짜다. 공짜라면 양잿물도 마신다는데 공짜 화장품을 마다할 이유가 없다. 둘째, 샘플을 통해 이 제품이 좋은지 나쁜지 자신에게 맞는지 아닌지를 나름대로 테스트해볼 수 있다. 셋째, 샘플은 광고나 판매원에 의해 선택을 강요당하는 일 없이 원하는 제품을 골라 쓸 수 있게 도와준다. 소비자 입장에서 보면 이래저래 버릴 게 하나도 없는 광고인 셈이다.

그러나 샘플 전략을 구사하는 데는 전제 조건이 필요하다.

무엇보다 먼저 우수한 품질을 유지해야 한다. 타의 추종을 불허할 만큼 품질이 탁월하게 좋아야 한다는 얘기다. 만약 우리 제품보다 더 좋은 제품이 있으면 샘플만 써보고 절대 본품은 안 사 쓴다. 질이 떨어지는 제품을 샘플로 나눠주었다가는 샘플 줘서 망하고 본 제품이 안 팔려서 망하고 '따따블'로 망하기 십상이다.

그리고 지속성이 있어야 한다. 그래야만 소비자들이 "어라, 저 회사가 처음엔 샘플도 많이 주고 하더니 조금 잘나간다 싶으니까 금방 입을 싹 씻어버리네" 하는 배신감을 느끼지 않는다. 몇 차례 찔금 주고 말아버리면 오히려 애초부터 주지 않느니만 못하다.

우리는 창업 초기부터 지금까지 무려 29년 동안 샘플 전략을 지속해오고 있다. 그것은 판매 신장뿐만 아니라 기업 이미지를 세우는 데도 많은 도움을 주었다. 확신하건대, 참존이 기존 화장품 업계의 아성을 뚫고 올라와 인정과 신뢰를 얻어낼 수 있었던 것은 샘플 전략이 있었기 때문이다.

집중의 부자가 되어라

♕ 우리 회사의 차별화 전략 가운데 빼놓을 수 없는 것이 바로 '광고의 차별화'이다. 그건 곧 샘플 전략을 의미하기도 한다. 초창기에 우리는 막대한 홍보비를 들여 신문이나 TV 매체를 통해 광고하는 대신 주부들에게 샘플을 직접 뿌리는 방식으로 홍보했다.

물론 우리가 샘플 전략을 펼치기 이전에도 이미 많은 화장품 회사들이 샘플을 제작해 고객들에게 서비스로 제공하고 있었다. 하지만 샘플은 그저 본품에 붙여지는 서비스 용품으로만 받아들여졌을 뿐이다. 우리처럼 샘플 자체를 본격적인 홍보 수단으로 이용하지는 않았다. 때문에 항간에선 샘플 제품이 본품에 비해서 품질이 많이 떨어진다는 소문이 나돌기도 했다. 왜냐하면 샘플 제작비를 줄이기 위해 값싼 원료를 사용한다는 것이었다. 물론 그럴 리는 없지만 말이다.

그 하찮게 여겨지던 샘플로 우리가 성공할 수 있었던 것은 스스로 제품의 품질을 신뢰할 수 있었기 때문이며, 또 샘플 전략에 온힘을 집중했기 때문에 가능했다.

3장

◇◇◇◇◇ 함께 – 최고의 품질에 가격까지 저렴하면 만족의 수준을 넘어 감동을 하게 되지요. "고객은 가격이 비싸도 품질이 좋으면 만족합니다. 가격이 아주 싸면 품질이 떨어져도 그럭저럭 만족하고요. 하지만 최고의 품질에 가격까지 저렴하면 만족의 수준을 넘어 감동을 하게 되지요. 회사의 이익까지 고객들에게 나눠주어 감동을 주는 것. 이게 바로 참존이 추구해온 진정한 서비스의 정신이며, 수많은 고객들이 바로 저와 참존의 제품력을 신뢰하는 이유입니다."

11 참신하지 않으면 과감히 버려라
광고가 새롭지 않으면 제품도 새롭지 않다
| 전략의 부자가 되어라 |

한때 모 자동차회사에서 달리는 자동차 지붕에 청개구리 한 마리가 오도카니 서서 균형을 잡고 있는 광고를 내보낸 적이 있다. 그 광고가 방영되자 젊은이들 사이에서 이런 우스갯소리가 나돌았다고 한다.

"너 그 청개구리가 자동차 타고 어디 가는 줄 아니?"

"글쎄? 잘 모르겠는데."

"바보! 그것도 몰라? 참존 CF 찍으러 가는 거잖아."

그 이야기를 전해듣고 '이제 청개구리 하면 참존이라는 공식이 소비자의 머릿속에 뿌리를 내렸구나' 싶어 무척 흐뭇했다.

사실 나는 광고를 그다지 신뢰하지 않는 편이었다. 일류 브랜드는 광고회사가 만드는 것이 아니라고 믿었기 때문이다. 실제로 참존화장품을 일류 브랜드의 반열에 올려놓은 것은 품질이었지 광고가 아니었다.

하지만 청개구리가 모델로 등장하는 첫 번째 광고를 찍으면서 광고에 대한 내 생각은 코페르니쿠스적 전환을 맞았다. 그 광고를 통해 나는 '장이'와 '장이'가 만나 이루어낼 수 있는 최고의 시너지 효과를 경험했다 해도 과언이 아니다.

'샘플만 써봐도 알아요'라는 광고 이후로 뾰족한 후속타를 내놓지 못해 고민하고 있을 때였다. 아무리 광고보다는 품질에 승부수를 둔다지만 광고를 전혀 안 내보낼 수는 없는 노릇이었다. 그러나 내 마음에 쏙 드는 참신한 기획안을 들고 오는 광고 회사는 어디에도 없었다.

청개구리가 자동차 타고
참존 CF 찍으러 간다

바로 그때 웰커뮤니케이션(이하 웰컴)의 박우덕 사장이 연락을 해왔다. 나를 한번 만나야겠다는 것이었다. 내 평생 그렇게 도발적인 데이트 신청은 처음이었다. 물론 그 도발적인 면에 마음이 끌리기는 했지만 말이다.

웰컴과의 만남은 놀라움의 연속이었다. 처음 만나는 자리에서 박사장은 내게 우리 제품을 꼼꼼히 분석해서 비디오로 만든 자료를 내밀었다. 이어 펼쳐진 프리젠테이션도 고개가 절로 끄덕여지는 내용으로 가득했다. 이런 회사라면 우리 광고를 맡겨도 좋겠다는 생각이 들었다.

그러나 광고 의뢰는 받아들여지지 않았다. 경쟁사인 A화장품 광고를 10년째 맡아오고 있는 터라 우리 광고는 맡을 수가 없다는 것이었다. 거절을 당하고도 기분이 나쁘지 않기는 그때가 처음이었다. 기분이 나쁘기는커녕 이 회사가 점점 더 마음에 들기 시작했다. 모처럼 배짱이 맞는 친구를 만난 기분이었다.

"그럼 이 프리젠테이션은 왜 준비한 겁니까?"

나는 짐짓 따지듯 물었다.

"우리 광고장이들은 독특한 경영철학으로 자연스럽게 사람들에게 알려지고 성장해가는 회사를 보면 연구해보고 싶어지는 습성이 있습니다. 더 중요한 것은 여기 있는 우리 이사도 참존 화장품을 쓰고 있다는 겁니다. 우리는 A화장품 광고를 하고 있으니까 A화장품을 쓰는 게 당연한데도 말이죠. 그래서 참존의 어떤 점이 우리 이사를 사로잡았는지 궁금했습니다."

광고장이다운 대답이었다.

그이는 이어 우리의 '아픈 곳'을 찔러왔다.

"솔직히 참존 광고를 보면 정말 어설프기 짝이없습니다. 그럼에도 불구하고 많은 사람들이 참존을 알고 있다는 것이 신기할 따름이죠. 도대체 어떤 전략을 쓰면 그렇게 인지도를 높일 수 있는지 정말 궁금합니다. 저희한테도 한 수 가르쳐주시지 않겠습니까?"

 박우덕 사장의 너스레에 넘어간 나는 장장 4시간에 걸쳐 참존의 히스토리를 풀어놓았다.

 그 자리에 동석했던 웰컴의 이사도 만만치 않았다. 4시간 내내 나의 이야기를 깨알 같은 글씨로 그야말로 토씨 하나 안 빠뜨리고 받아 적었다. 그토록 진지하고 열정적인 친구들에게 우리 광고를 맡길 수 없다는 사실이 안타까울 뿐이었다.

 그런데 며칠 뒤 박우덕 사장에게서 다시 연락이 왔다. 이번에는 카피라이터 김태형 고문이 나를 만나보고 싶어한다는 것이었다. '카피의 대가'로 불리는 그이는 한술 더 떠서 노트 8장 가득 메모를 해서 돌아갔다.

장이가 장이를 만나다

　　　　　김태형 고문까지 만나고 나니 웰컴과의 인연이 이대로 끝나지는 않을 것 같은 예감이 들었다. 아니나 다를까 얼마 지나지 않아 웰컴 쪽에서 직접 우리 회사를 찾아왔다. A사에 들러 우리 광고를 찍어도 좋다는 허락을 받아가지고 오는 길이라고 했다.

"좋은 재료를 보면 작품을 한번 만들어보고 싶어지는 것이 우리 장이들입니다. 그런 의미에서 참존만큼 좋은 재료도 드물지요. 어떻습니까? 광고 저희한테 한번 맡겨보시지 않겠습니까?"

나로선 마다할 이유가 없었다.

그로부터 얼마 후 웰컴 쪽에서 재미있는 제안을 해왔다. 나에게 청개구리가 되어달라는 것이었다.

"사장님은 보통 사람들이 보기에 상식에 어긋나는 짓만 하고 계십니다. 매사에 남들과 반대로 행동하시죠. 그런 점이 영락없이 옛날이야기에 나오는 청개구리를 닮았어요. 그런데 이 청개구리가 나중에는 엄마 말씀 안 들었던 걸 후회하고 뉘우치잖아요. 그 점이 사장님 이미지에 누가 될지도 모른다는 생각이 들었어요. 그래서 사장님과 참존의 이미지를 청개구리로 형상화하려면 미리 양해를 좀 구해야 할 것 같아서요. 어떻습니까, 청개구리로 밀고 나가도 괜찮겠습니까?"

"괜찮고 말고요. 좋은 작품만 나올 수 있다면 저는 청개구리 아니라 홍개구리, 백개구리가 되어도 좋습니다."

내 허락이 떨어지자 일은 일사천리로 진행되었다.

마침내 광고가 완성되어 하얏트호텔에서 시사회를 하던 날이었다. 1분도 채 안 되는 짧은 광고가 끝나는 순간 나는 십 년 묵은 체증이 모두 가시는 기분이었다. "그래, 바로 저거야!" 소리가 절로 나왔다.

'참존화장품 청개구리편'은 화장품 모델 하면 으레 잘 빠진 미인을 연상하는 기존 광고판의 상식을 뒤엎는 작품이었다. '100명 중 99명이 검은 양복에 검은 모자를 쓸 때 나는 흰 양복에 흰 모자를 쓰겠다'는 나의 경영 철학이 그 한편의 광고 속에 고스란히 녹아들어 있는 듯했다.

드디어 청개구리 박사가 탄생하다

화장품 광고에 청개구리 모델을 쓴다는 참신한 발상은 소비자는 물론이고 광고계에도 엄청난 반향을 불러일으켰다. 모 전자회사에서는 냉장고 광고에 고양이를 등장시켰는가 하면 모 컴퓨터 회사에서는 진돗개를 모델로 쓰기도 했다. 동물 모델 붐이 일기 시작한 것이다. 더불어 웰컴의 주가도 올라가기 시작했다.

문제는 웰컴에서 만든 우리 회사 광고가 93년 한국방송광고공사가 주는 화장품 부문 대상을 받으면서 일어났다. 웰컴의 또 다른 광고주였던 A화장품 회사가 "참존이냐 우리냐 양자택일을 하라"며 제동을 걸어온 것이다. 같은 회사에 광고를 맡겼는

데 우리 회사 광고만 연이어 히트를 쳤으니 그럴 만도 했다. 결국 우리는 눈물을 머금고 물러날 수밖에 없었다. 우리 때문에 10년 단골을 놓치게 할 수가 없었다.

광고회사를 바꾼 다음에도 계속해서 청개구리 모델을 밀고 나 갔지만 반응은 신통치가 않았다. 여기저기에서 동물 모델이 많이 나오는 바람에 신선감이 떨어져버린 것이었다. 사원들 사이에서도 조금씩 불만이 터져나오기 시작했다.

"사장님 이제 더 이상 청개구리 가지고는 안 됩니다. 다시 여성 모델로 돌아갑시다."

그러나 나는 고개를 가로저었다.

"이제 와서 왔던 길로 되돌아가자구? 그랬다간 웃음거리밖에 안 돼. 그건 절대로 안 돼. 청개구리 모델은 고수하되 보다 참신한 느낌을 줄 수 있는 광고를 한번 생각해보자구."

우리는 10여 년이 넘도록 화장품은 '패션'이 아니라 '기능'이라는 점을 소비자들에게 인식시키기 위해 노력해왔다. 그렇다면 광고 역시 막연한 이미지를 파는 것이 아니라 과학적인 근거에 바탕을 둔 기능을 파는 것이어야 한다는 생각이 들었다. 그러나 기존의 미인 광고는 '저 화장품을 바르면 나도 저 모델처럼 예뻐지겠지' 하는 소비자의 기대 심리를 자극하는 것 이상이 아니었다. 그렇게 결론을 내리고 나자 캐릭터 모델이 등장해 우리 제품의 기능적인 측면을 짚어주는 것도 나쁘지 않겠다 싶었다. 마침내 흰 가운을 입은 박사 청개구리가 탄생하게 된 것이다.

　97년 1월에 나온 청개구리 박사의 도전편과 연구편은 실사를 이용한 광고 못지않은 호응을 얻었다. 살아 있는 청개구리를 이용한 광고가 참신하고 창조적인 기업 이미지라는 무형의 재산을 안겨주었다면 청개구리 박사를 이용한 광고는 우리 제품의 기능적인 측면을 부각시키는 효과를 가져왔다. 그 후 청개구리 박사 캐릭터는 텔레비전 광고며 인쇄 광고, 마스코트에 이르기까지 두루 이용되고 있다. 차별화된 광고 전략이라는 포맷은 일관되게 유지하면서 돈 안 받는 전속 모델까지 덤으로 얻게 된 셈이다.

　산업사회에서 제품을 대중에게 인식시킬 수 있는 가장 손쉬운 통로는 광고이다. 그러나 30초 남짓한 광고 한 편을 만들기 위해서는 어마어마한 돈이 들어간다. 그 돈은 물론 소비자의 주머니에서 나오는 것이다. 우리는 청개구리 박사라는 캐릭터 모델을 만들어냄으로써 광고 제작비 중에서도 가장 큰 비중을 차지하는 모델료를 대폭 절감할 수 있었다. 그 절감된 비용이 소비자들에게 환원된 것은 두말할 것도 없다.

거꾸로 정신의 대명사인 청개구리가
촉촉한 피부와 자연 친화적 이미지로 업그레이드되다

여기서 잠깐 청개구리 박사의 해외 진출담을 언급하고 넘어가야 할 것 같다.

사실 청개구리에 얽힌 옛날이야기를 어렸을 때부터 자주 듣고 자란 우리나라 사람들에겐 청개구리가 무엇을 상징하는지 굳이 설명할 필요가 없다. 하지만 해외로 가면 이야기가 달라진다. 언제나 엄마 말을 안 듣고 산으로 가라 하면 바다로 가고, 동쪽으로 가라 하면 서쪽으로 가는 청개구리 아들. 심지어 "개굴개굴!" 하고 울어야 하는데 요놈의 청개구리는 "굴개굴개!" 하고 울었다고 하지 않던가.

이 옛날이야기를 외국 사람들이 알 리 없으니, 청개구리가 거꾸로 정신을 상징한다는 것 또한 당연히 모를 수밖에 없다. 그렇다고 해서 우리 참존의 대표 상징물인 청개구리를 버릴 수는 없는 노릇이었다. 더욱이 청개구리가 백조나 공작새처럼 우아한 동물도 아닌 만큼 외국 사람들이 청개구리를 어떤 이미지로 받아들일지 고민이 많이 되었다. 우리 옛이야기를 구구절절 들려줄 수도 없고, 또 청개구리를 대체할 새로운 상징물을 생각해내기도 힘들었다.

그런데 나의 이런 고민은 아주 쉽게, 그것도 한방에 해결되었다. 중국 사람들은 청개구리를 보면 우선 매끈하고 촉촉한 살갗부터 떠올린다는 것이다. 그리고 보니 너무나 맞는 소리였다.

양서류인 청개구리는 몸에 습기를 적절히 유지하지 못하면 살수가 없다. 따라서 늘 온몸에 습기를 촉촉하게 머금고 있어야 한다. 그러니 청개구리가 그려져 있는 우리 참존화장품을 보면 중국 사람들은 촉촉하고 매끈한 피부를 가질 수 있겠다는 생각을 아주 자연스럽게 하게 되는 것이다.

또 다른 나라들에서는 청개구리가 자연 친화적인 이미지를 선명하게 보여주기 때문에 에코 시대에 걸맞은 상징물로 받아들여진다고 한다. 자연에서 뽑아낸 천연 원료로 화장품을 만들고자 하는 참존화장품의 정신을 더도 덜도 없이 그대로 잘 표현해주는 상징물인 셈이다.

애초에 내가 생각했던 이미지들은 아니지만, 오히려 해외로 뻗어갈수록 더 좋은 이미지가 하나씩 둘씩 차곡차곡 쌓여가는 것 같아 마음은 더할 나위 없이 기쁘고 좋다.

전략의 부자가 되어라

♛ 우리의 샘플 전략이 널리 알려지면서 다른 회사나 업계에서도 샘플을 이용하는 경우가 많이 늘었다. 하지만 타 기업들의 경우 샘플 전략의 효과를 그다지 크게 체감할 수는 없을 것이다. 왜냐하면 샘플에 비해 광고의 비율이 워낙 높기 때문에 샘플과 판매량과의 상관관계를 직접적으로 느끼기 힘들다. 반면에 우리는 각종 매체를 통한 광고보다는 샘플 비율을 높게 잡고 있다. 감히 단언하건대, 소비자들의 구매 욕구를 자극해 상품 판매량을 올려놓은 것은 샘플이라고 생각한다. 만약 광고만 했다면 지금과 같은 성과를 절대로 얻을 수 없었을 것이다.

혹자는 이렇게 말할지도 모른다. "샘플에 투자하는 비용을 오히려 광고비에 투자한다면 훨씬 더 많이 참존을 알릴 수 있지 않겠어요?"라고. 그러나 나는 생각이 다르다. 광고를 통해 아무리 참존을 많이 알린다고 해도 그것이 매출액과 직결되지 않으면 '빛 좋은 개살구'가 될 것이다. 물론 샘플 전략이라고 해서 모든 상품에 다 적용되는 것은 아니다. 샘플은 주력 브랜드에만 집중된다. 소비자들에게 자신 있게 내놓을 수 있는 최고의 제품에 우리의 온 정성을 쏟아붓는 것이다.

12 소비자와 함께 정상에 올라라
성공은 나눌수록 커진다
| 개척의 부자가 되어라 |

서울 중구청 근처에 있는 신성상가에 20평 남짓한 사무실을 얻어 본사를 차려놓고 판로를 찾기 위해 악전고투하고 있을 때였다. 어느 날 점잖게 생긴 60대 부인이 본사로 찾아와 나를 찾았다.

"사장님을 만나서 꼭 해야 될 이야기가 있습니다."

그 무렵 나는 세상에서 제일 무서운 것이 '사장을 만나러 왔다'는 소리였다.

나를 찾는 사람이라고는 사채업자밖에 없던 시절이니 그렇게 생각하는 게 당연했다. 그런데 이 부인은 인상이나 차림새로 보아 사채업자 같지는 않았다. 그제서야 마음이 놓인 나는 부인을 자리로 안내했다.

"제가 사장입니다만 무슨 일이십니까?"

부인은 내 말이 떨어지기가 무섭게 들고 온 핸드백을 탁자 위에 와르르 쏟아 보였다. 커다란 핸드백 속에서 쏟아져나온 것은 외제 화장품 용기였다. 부인과 화장품을 번갈아 쳐다보던 나는 두 눈이 휘둥그래졌다. 수많은 외제 화장품 용기 사이에 데이나이트 맛사지크림 용기가 섞여 있었던 것이다.

북가좌동 숙이엄마의 뜨거운 격려

나는 의아한 낯빛으로 부인을 바라보았다.

"솔직히 저는 지금까지 국산 화장품을 한 번도 써본 적이 없는 사람입니다."

부인은 그렇게 입을 열었다.

"저희 바깥양반이 사업차 외국에 나갈 일이 더러 있어요. 그때마다 제가 쓰는 화장품 이름을 적어주면서 사다달라고 부탁을 했죠. 그런데 이 양반이 화장품을 사다줄 때마다 잔소리를 하는 거예요. 무슨 화장품이 이렇게 비싸냐. 구하기도 쉽지 않더라. 내가 이거 구하느라 얼마나 고생한 줄 아느냐. 늙어가면서 외제 화장품이 다 뭐냐. 사치하지 말고 웬만하면 국산 화장품 써라. 그럴 때마다 그깟 화장품 하나 얻어쓰려고 이렇게 자존심을 구겨야 하나 싶더라구요. 그래도 어떻게 하겠어요. 품질이 좋으니 계속 외제 화장품을 쓸 수밖에요."

나는 이 양반이 무슨 이야기를 하려고 이렇게 뜸을 들이나 싶었다.

"그렇게 속상한 걸 꾹꾹 눌러 참고 있는데 하루는 친구가 참존 맛사지크림을 들고 와서는 한 번만 발라보라는 거예요. 자꾸 권하는데 거절할 수도 없고 해서 발라봤더니 그렇게 좋을 수가 없더라구요. 사실 제 피부는 그동안 좋다는 화장품은 다 발라봐서 민감하기가 마치 입 안의 혓바닥 같아요. 혀가 맛있는 음식을 가려내듯 화장품도 한 번만 발라보면 좋은 건지 아닌지 단박에 알아내죠. 그런 제가 느끼기에도 참존 맛사지크림이 웬만한 외제 화장품보다 훨씬 낫더라구요."

그 이야기를 들은 나는 뛸 듯이 기뻤다. 그런데 그게 다가 아니었다.

"옳거니! 이제는 이 화장품을 써야겠다 하고 회사 이름을 봤더니 생전 듣도 보도 못한 곳이에요. 이제 막 시작하는 회사 같은데 망하면 큰일이다 싶더라구요. 제가 이거 평생 써야 하니까요. 그래서 이 회사를 응원하는 사람이 있다는 걸 알려드리려고 찾아왔습니다. 앞으로는 제가 무보수 선전원이 돼서 부지런히 선전해드릴 테니까 용기 잃지 말고 열심히 하세요."

그간의 고달픔이 부인의 말 한마디로 말끔히 씻겨나가는 것 같았다. 나는 마치 천군만마라도 얻은 듯한 기분이었다. 언젠가 기회가 닿으면 반드시 보답하겠다는 생각으로 이름을 물었지만 부인은 끝끝내 이름을 밝히지 않았다. 그저 북가좌동 숙이엄마라고만 알고 있으면 된다는 것이었다.

품질은 개선해나가되 가격을 내리는 길, 고객을 감동시키는 성공의 방정식이다

화장품 사업이 궤도에 오르면서 나는 판매신장 못지않게 고객에 대한 서비스에도 박차를 가하기 시작했다. 분명 우리 고객 중에는 내가 어려울 때 용기를 북돋워주었던 북가좌동 숙이엄마도 끼여 있을 거라는 믿음 때문이었다. 즉 우리 고객 모두를 숙이엄마라고 생각하고 그날 내가 받았던 감동을 고스란히 돌려주기 위해 노력해온 것이다.

고객을 감동시키는 방법은 다른 게 없다. 품질은 끊임없이 개선해나가되 가격은 끊임없이 내리는 길뿐이다. 하지만 그것은 매출이 계속 늘어날 때만 가능한 일이다. 똑같은 물건이라도 100개를 만들 때보다는 1,000개를 만들 때 생산단가가 더 떨어지는 까닭이다.

물론 여느 기업에서 매출이 늘어나 생산단가가 내려갔다 해서 제품 가격까지 내리는 일은 좀처럼 없다. 그러나 우리는 그렇게 해서 발생한 차액은 어떤 식으로든 고객에게 돌려주었다. 그 대표적인 예가 바로 참존 콘트롤크림이다.

콘트롤크림은 발매 이듬해에 120만 개가 팔려나간 베스트셀러 중의 베스트셀러였다. 그해 우리나라 여성 20명당 1명이 우리 콘트롤크림을 사서 쓴 셈이다. 연말이 되어 순수익을 확인한 나는 이대로 있을 수만은 없다고 생각했다. 당장 2만2천 원 하던 콘트롤크림을 1만9천 원으로 내렸다. 사원들의 반대도 아랑곳하지 않았다. 그러자 이듬해에는 150만 개가 팔려나갔다. 이번에는 가격을 인하하는 대신 고객들이 품질의 차이를 확연히 느낄 수 있도록 원료를 더 넣었다.

소비자는 가격이 비싸더라도 품질이 좋으면 만족한다. 가격이 아주 싸면 품질이 다소 떨어져도 그럭저럭 만족한다. 하지만 최고의 품질에 가격까지 저렴하면 만족의 수준을 넘어 감동을 하게 된다. 내가 추구해온 것은 바로 그런 감동이었다.

내가 고객들에게 감동을 안겨주면 고객들도 반드시 응답을 해온다. 매출은 늘어나고 신뢰는 쌓여간다. 나는 서비스를 일방적인 희생이나 봉사라고 생각하지 않는다. 그것은 고객과 나누는 가장 아름다운 커뮤니케이션이다.

개척의
부자가 되어라

♛ 미국 시장을 개척하기 시작한

것은 1987년부터이다

당시 시카고에 살고 계시던 어떤 분이 우연히 한국에 있는 친

구한테 참존 맛사지크림을 선물받았다. 참존이 무슨 회사인지

도 모르던 그분은 처음엔 꽤나 미심쩍더란다. 이름도 잘 알려

지지 않은 회사에서 만든 제품이 아무리 좋아봤자 얼마나 좋으

랴 싶었다는 것이다. 하지만 웬걸, 막상 써보니 그렇게 좋을 수

가 없더란다. 그래서 한국에 왔을 때 무려 5백만 원어치나 우

리 제품을 사가지고 돌아갔다. 요즘에나 돈가치가 많이 떨어져

5백만 원이라고 해도 별것 아니지만 그때 당시로선 엄청난 액

수였다.

그 일을 계기로 그분과 인연이 맺어져서 내가 직접 시카고에

가게 되었다. 바로 거기서부터 미국 시장을 개척해나가기 시작

한 것이다. 이후 하와이, LA, 뉴욕 등지로 점점 넓어졌고 소비

자층도 교포뿐만 아니라 미국 현지인들과 히스패닉, 중국인 등

에까지 확산되고 있다.

13 오너가 전문가가 되어야 한다
|자기계발의 부자가 되어라|

1987년 미용협회 초청으로 시카고를 방문했을 때의 일이다.

백여 명의 교포가 모인 자리에서 강연할 기회를 갖게 된 나는 화장품과 피부미용에 대한 평소 지론을 조목조목 풀어놓았다. 인간의 피부는 언제부터 왜 늙는가, 화장품은 피부 노화를 어느 정도까지 지연 또는 개선시킬 수 있는가 등등에 대해서.

그렇게 1시간 30분에 걸친 강연이 끝났을 때였다. 앞자리에 앉아 있던 여성이 번쩍 손을 들었다.

"저는 이 질문을 하기 위해 4백 마일을 달려왔습니다. 실은 제가 3개월 전에 참존 맛사지크림을 사서 써봤는데 정말 좋더군요. 그래서 지금은 다른 제품도 모두 구입해서 쓰고 있습니다. 그런데 어떤 분이 참존화장품은 피보약국을 하던 약사가 만든 약용크림이니까 쓰지 말라고 하시더라구요. 처음엔 반짝하고 효과가 있는 것 같지만 시간이 조금 지나면 내성이 생겨서 오히려 피부를 망친다구요. 정말로 그 말이 사실입니까?"

질문이 끝나자 장내는 심하게 술렁이기 시작했다. 교포들은 모두 '저 사람이 뭐라고 변명을 하나 두고 보자' 하는 표정으로 내 얼굴만 힐끔거리고 있었다. 국내에서 떠돌던 악성 루머가 교포 사회에까지 만연해 있었던 것이다. 나는 마음을 가라앉히고 침착하게 대응했다.

참존화장품은 약용 중의 약용화장품입니다

"지금 질문하신 분은 처음엔 좋다가 나중엔 자꾸만 나빠지는 약용화장품을 말씀하시는 거죠? 그렇다면 참존화장품은 약용 중의 약용화장품입니다."

그러자 이번엔 여기저기서 웅성거리는 소리가 들려왔다. 나는 좀더 목소리를 가다듬었다.

"그럼 지금부터 제가 약용 중의 약용크림에 대해 설명해드리겠습니다. 약용크림은 좋아지다가 계속 쓰면 나빠지는 크림이고, 약용 중의 약용크림은 좋아지다가 더욱 좋아지는 크림입니다. 저희 참존은 쓰면 쓸수록 더욱 좋아지는 화장품이니 안심하십시오." 라고 답해주었다.

시카고에서 돌아온 나는 정기적으로 세미나를 열기로 결심했다. 고객들에게 참존화장품이 어떻게 만들어지고, 왜 좋은지를 알려야 했다. 가만히 앉아 있다가는 약용크림으로 몰려 회사의 존립마저 위태로울 판이었다. 시간과 노력이 많이 드는 작업이겠지만 오명을 씻을 길은 그것밖에 없었다.

막상 세미나를 열기로 하자 누가 강사를 맡을 것이며, 또 어떤 방식으로 운영해야 할지가 문제였다. 고민 끝에 사장인 내가 직접 나서기로 마음먹었다. 그렇게 한 데에는 나름대로 두 가지 이유가 있다.

하나는, 고객들과 직접 대화하면서 우리의 얘기를 솔직담백하게 나눌 수 있는 자리이므로 누구보다 최고경영자인 사장이 나서야 한다고 생각했다. 누구든 관리자급으로 오르게 되면 실제 소비자층과 대화할 기회가 적어지게 마련이다. 특히 최고경영자의 경우는 더욱 그렇다. 그러다보면 현장의 목소리를 멀리할 수밖에 없고 소비자들의 생각을 가감없이 읽어낼 수가 없다. 따라서 적어도 나만큼은 소비자와 항상 가까이 있는 경영자로 자리매김하고 싶었던 것이다. 아울러 사장이 직접 세미나를 이끌어가는 것이 고객에 대한 최대한의 예의라고 여겨졌다.

또 하나는, 피부와 화장품의 원리를 나만큼 쉽고 재미있게 설명해줄 수 있는 인물이 딱히 떠오르지 않았기 때문이다. 자기

자랑이랄 수도 있겠지만, 어쨌든 나는 약대를 나왔고 피보약국 시절부터 34년 동안 피부만을 연구해왔다. 때문에 오너인 내가 피부전문가로 나서도 전혀 손색이 없다는 판단이 들었다. 그렇게 해서 결국 사장인 내가 직접 나서기로 했다.

주인이 손님을 접대해야 한다

초창기에는 급한 대로 대리점 점주와 화장품 전문점 주인들을 호텔에 초대해 식사 대접을 하면서 세미나를 열었다. 왜냐하면 소비자와 직접 대면해서 우리 제품을 팔아주는 제2의 참존인들이 바로 그들이라고 생각했기 때문이다. 그들의 말 한마디에 우리의 사활이 걸려 있다고 해도 과언이 아닐 것이다. 그런 다음엔 고객을 대상으로 해서 세미나를 개최해나갔다.

91년 원주공장을 지은 뒤로는 세미나 장소를 아예 그곳으로 옮겼다. 공장견학까지 겸하면 고객들에게 더 깊은 신뢰를 줄 수 있을 것이라는 생각에서였다.

세미나가 시작되고 정례화되자 우리 제품이 약용크림이라는 악성 루머는 자취를 감추었다. 뿐만 아니라 세미나를 통해 피부에 대해, 참존에 대해 알게 된 고객들이 먼저 세미나를 요청해오기 시작했다. 몇 년 지나지 않아 세미나 횟수가 1년이면 60회 이상이 되었으며 세미나에 참가하겠다는 신청 건수가 한 달 평균 60-70건씩 밀려오기도 했다.

이 세미나는 한여름과 한겨울을 빼고는 3월 중순 이후부터 시작해 고객들을 만나고 있다. 물론 올해도 예외는 아니다.

우리 세미나가 이렇게 인기를 얻게 된 까닭은 다른 것이 아니다.

우선 우리 세미나에 오면 볼거리, 들을거리가 넘쳐난다. 먼저 사장이 고객 앞에 나서서 깍듯이 절을 올리는 것부터가 보기 드문 구경거리이다. 절을 받은 고객은 최고의 손님으로 대접받고 있다는 생각에 흐뭇함을 감추지 못한다.

다음 원주공장 구석구석을 둘러보며 참존화장품이 어떤 원료를 가지고 어떤 과정을 거쳐 만들어지는지 눈으로 확인한다. 환경오염 문제가 세계적인 이슈로 떠오르고 있는만큼 최첨단 하수처리 시설 견학도 빠뜨릴 수 없다. 고객들은 이 과정을 통해 우리 회사와 제품에 대해 무한한 신뢰를 갖게 된다.

마지막으로 피부의 구조와 각종 영양 성분의 효능에 대한 전문적인 강의를 듣는다. 하지만 '우리 제품이 최고다. 우리 제품을 구입하라'고 강요하는 일은 절대 없다. 한마디로 제품에 대한 정보를 충분히 주되 선택은 고객 스스로의 자유 의사에 맡기는 것이다.

그러다보니 한 번이라도 세미나에 참석했던 고객은 참존의 영원한 팬이 될 수밖에 없다. 이런 세미나 전략은 샘플 전략, 서비스 전략과 함께 '3S' 전략으로 불리며 우리의 대표적인 홍보 전략으로 자리잡고 있다.

혹자는 왜 효과가 즉각적으로 나타나는 텔레비전 광고를 마다하고 굳이 귀찮고 번거로운 세미나 전략을 고집하느냐, 그것도 굳이 사장이 직접 나서서 할 게 뭐가 있냐고 물어오기도 한다. 사실 세미나 전략은 농사와도 같아서 씨를 뿌려 수확을 하기까지 꾸준히 돌보고 가꿔야 하는 것은 물론이고 진득하게 기다릴 줄도 알아야 한다. 하지만 정성을 기울인 만큼 결과가 확실하게 나타나고 오래 지속된다. 광고가 히트를 치느냐 마느냐에 따라 제품의 판매실적까지 좌우되는 일반적인 홍보 전략과는 근본부터가 다른 것이다.

텔레비전 광고는 그야말로 광고이기 때문에 그럴싸하게 포장하고 부풀리는 것이 가능하다. 하지만 세미나 전략에는 과장이나 거짓이 통하지 않는다. 샘플 전략과 마찬가지로 품질에 대한 확신 없이는 할 수 없는 것이 바로 세미나 전략이다.

나는 세미나 전략을 고객이라는 산을 향해 지르는 함성이라고 생각한다. 산은 결코 내가 목청 터져라 내지르는 함성을 외면하는 법이 없다. 함성 소리가 크면 클수록 메아리도 더 크게 돌아온다. '고객의 소리 고맙습니다'라는 청개구리 박사의 멘트는 그러한 메아리에 대한 감사의 표현이다.

자기계발의
부자가 되어라

♛ 나는 항상 '누구든 자기계발을 위해서는 죽을 때까지 끊임없이 배워야 한다'는 생각을 갖고 있다. 배우기를 그치는 순간 우리는 퇴보할 수밖에 없기 때문이다. 1974년 피보약국의 잘나가던 약사로 장안의 화제를 불러일으키며 한창 성공의 길을 걸을 때도 나는 고려대학교 경영대학원을 다니면서 계속 공부하고 있었다.

그런데 하루는 교수님께서 이렇게 말씀하시는 것이었다.

"자동차회사로 유명한 포드사의 3S 전략을 아십니까? 포드사가 그렇게 성공할 수 있었던 것은 이 3S 전략에 있다고 해도 과언이 아닙니다. 표준화, 단순화, 특별화라는 세 가지 전략을 사업에 적용함으로써 오늘날의 포드사를 이룰 수 있었던 겁니다. 그런데 요즘에 보니까 우리나라에도 이 3S 전략과 흡사한 경영방식으로 성공을 이뤄낸 곳이 있더군요. 피부약만을 전문으로 조제해서 파는 피보약국이 바로 그곳입니다."

물론 그 교수님은 피보약국의 장본인인 내가 그 자리에 있을 줄은 꿈에도 모르고 있었다. 그저 하나의 사례로 우리 약국을 얘기했던 것이다.

그러자 한 친구가 번쩍 손을 들더니 나를 가리키며 말했다.

"여기 그 피보약국을 경영하고 있는 김광석이란 분이 계십니다."

강의실 안은 곧 술렁이기 시작했고, 결국 그날 나는 생각지도 않았던 특별 강의를 하게 되었다.

14 두들겨라, 그래야 강해진다
| 게임의 부자가 되어라 |

나는 지난 98년 3월 3일, 조세의 날 기념식에서 다시없는
감격의 순간을 맛보았다. 우리 회사가 16억 원에 이르는
법인세를 한 푼도 포탈하지 않고 성실하게 납부하여 서울지방
국세청장상을 수상하게 된 것이다. 그날 하루 명예 세무서장직
을 맡은 나는 삼성세무서 직원 3백여 명이 모인 자리에서 10여
년 전 내가 했던 약속에 대해 들려주었다.

1979년 무허가제약 혐의로 매스컴을 탔던 나는 1985년 다시
한번 매스컴의 '주목'을 받게 되었다. 지금은 합법화된 다단계
판매에 손을 댔기 때문이다.

그해 무허가제약 혐의에 대한 상고심이 끝나 형이 확정되면
서 나는 한 달에 천만 원씩 벌금을 갚아야 할 처지에 놓이게 되
었다. 데이나이트 맛사지크림이 알려지면서 회사 형편도 조금
씩 펴기 시작했지만 산더미 같은 빚이며 벌금을 갚아가기에는
턱없이 부족하기만 했다.

그때 다단계 판매회사에서 우리 제품을 팔아주겠다며 접근을

해왔다. 납품만 하면 판매는 알아서 해주겠다니 나로선 손해볼 것 없는 제안이었다. 그런데 그쪽에서 내 얼굴을 보더니 색다른 제안을 해왔다.

"김사장님, 다단계 판매에는 판매원들이 나도 저 사람처럼 되어야지 하고 목표로 삼을 만한 상징적인 인물이 필요합니다. 그런데 저희가 보기에는 김사장님이 그 역할에 안성맞춤인 것 같습니다. 어떻습니까, 그 역할을 맡아주시지 않겠습니까?"

거듭해서 권하는 데야 거절할 도리가 없었다. 물론 이 장사에 뛰어들어 이익을 봤으면 봤지 손해볼 일은 없겠다는 계산도 있었다.

알다시피 다단계 판매의 특징은 끊임없는 자기증식에 있다. 내가 몇 사람을 끌어들여 하부 조직을 만들면 그들이 또 다른 사람을 끌어들여 하부 조직을 만들어가는 식이다.

이때 판매원으로 포섭되는 사람은 대부분 다단계 판매회사로부터 제품을 구입하는 소비자이다. 판매원으로 포섭된 소비자가 직접 본사에서 상품을 구입해 다른 소비자에게 팔기도 하고 판매원으로 포섭하기도 하면서 조직을 키워나가는 것이다.

이 과정에서 크든 작든 조직을 이끄는 리더는 판매수당뿐만 아니라 판매원의 입회비까지 받아 챙기게 된다. 조직이 크면 클수록 리더가 챙기는 돈의 액수가 커지는 것은 말할 것도 없다.

그러다보니 모두들 더 많은 판매원을 자기 밑으로 끌어들이기 위해 혈안이 되는 것이다.

나는 그 끊임없는 자기증식을 잘만 이용하면 제품 판매에 상당히 도움이 되겠다는 생각이 들었다. 반면 조직이 갑작스럽게 성장을 멈췄을 때는 나중에 들어온 하부 조직원들이 피해를 볼 수도 있다는 점은 간과하고 있었다. 어쨌거나 다단계 판매는 순조롭게 진행되는 듯했고 나도 조금은 허리를 펼 수 있게 되었다.

그러던 어느 날이었다. 이른 아침부터 서울지방국세청 직원들이 집으로, 서울 본사로, 안양 공장으로 들이닥쳐 회사 장부란 장부는 모두 쓸어가버렸다. 말로만 듣던 세무조사를 받게 된 것이다.

언론에서 다단계 판매의 폐해를 보도한 것이 사건의 발단이었다. 보도가 나가자마자 다단계 판매를 근절시키라는 대통령령이 떨어졌고, 이어 제품 생산처인 우리 회사부터 세무조사가 들어왔다.

나는 그로부터 6개월 동안 매일같이 서울지방국세청으로 불려다니며 조사를 받아야 했다. 몸고생, 마음고생이 어찌나 심했던지 어느 날인가는 자고 일어나보니 흰자위의 실핏줄이 모두 터져 토끼눈이 되어 있기도 했다.

나를 더욱 가슴 아프게 했던 것은 다단계 판매와는 아무런 상관도 없는 약사들이 나 때문에 굴비 두름 엮듯 줄줄이 걸려들어 세무조사를 받게 되었다는 사실이었다.

　당시 내 처지를 동정한 전국의 약사들이 우리 제품을 외상으로 들여놓은 것이 약국마다 2백만 원어치도 되고, 3백만 원어치도 되고, 5백만 원어치도 되었다. 사실 그들은 그 제품을 매입한 것으로 치지도 않았다. 그저 물건이 팔리면 돈 주고 아니면 반품하면 그만이라고 생각했던 것이다. 그러니 매입 내역 따위를 신고했을 리가 만무했다. 하지만 우리 장부에는 그 기록이 고스란히 남아 있는 게 문제였다. 그 점을 의심스럽게 여긴 국세청에서 장부에 올라 있는 약국에 대해서도 세무조사를 실시하게 된 것이다.

　모진 놈 곁에 있다가 벼락 맞는 식으로 아닌 밤중에 홍두깨 같은 일을 당한 약사들은 원망이 이만저만이 아니었다. 신의와 신용으로 쌓아올린 인간관계가 하루아침에 무너져내리는 순간이었다.

　그 와중에도 나는 내 밑에 있는 다단계 판매원들의 피해를 줄이기 위해 최선을 다했다. 세무조사가 시작되고 판매가 중단되자 판매원들이 벌떼처럼 몰려와 판매수당을 요구하기 시작했다. 원래 판매수당은 3개월에 한 번씩 나가는 것이지만 회사가 언제 문을 닫을지도 모르는 상황이니 지금 당장 내놓으라는 것이었다.

그때 나는 판매원들에게 사무실 임대 보증금으로 1억여 원을 빌려주고 있었다. 상식적으로 생각하면 판매수당에서 그 돈을 제하고 내주는 게 당연한 일이다. 그러나 나는 그렇게 하지 않았다. 임대보증금은 사무실 전세가 빠진 다음에 돌려주겠다는 그들의 말을 액면 그대로 믿었던 것은 아니다. 다만 그들도 밑에 있는 판매원들로부터 나 못지 않게 독촉당하고 있을 거라는 생각 때문이었다.

물론 빌려주었던 보증금은 대부분 돌려받지 못했다. 하지만 가장 어려운 시기에도 내 양심을 속이는 짓은 하지 않았다는 사실이 두고두고 내게 자부심을 갖게 해주었다.

그러는 사이 6개월 간의 세무조사가 끝나고 1억 4천8백만 원의 추징금이 내 앞으로 떨어졌다. 나는 마지막 보루로 남겨두었던 필동 집을 은행에 저당잡히고 돈을 빌려 추징금을 완불했다. 그리고 세무조사를 담당했던 국세청 직원들을 불러 저녁식사를 대접하면서 말했다.

"여러분, 그동안 정말 수고 많으셨습니다. 제가 오늘은 국민의 3대 의무 가운데 하나인 납세의 의무를 성실하게 수행하지 못해 블랙리스트에 오르는 불명예를 안았습니다. 하지만 언젠가는 화장품 사업으로 성공해서 누구보다도 세금 잘 내는 모범 납세자가 될 겁니다. 그래서 반드시 제가 모범 납세자로 뽑혀 상을 받는 모습을 여러분 앞에 보여드리고 말겠습니다."

그 약속을 지키는 데 무려 10년이 넘는 세월이 걸린 것이다.

내 이야기가 끝나자 삼성세무서 직원들은 우레와 같은 박수를 보내왔다. 나는 박수소리가 잦아들기를 기다려 한마디를 덧붙였다.

"여러분, 저는 오늘에서야 10여 년 전 제가 그토록 받고 싶었던 상을 받았습니다. 그렇게 한 맺힌 상이니만큼 앞으로는 제가 받기 싫어질 때까지 계속해서 받을 생각입니다. 지켜봐주십시오."

그러자 웃음소리와 함께 다시 한번 박수가 터져나왔다.

나는 그 약속대로 지난 99년에 다시 모범 납세자로 뽑혀 재경원장관상을 받았다. 또한 2002년에는 재정경제부 장관이 수여하는 성실이행유공표창을 받기도 했다.

다단계 판매 사건으로 1억 4천8백만 원이라는 비싼 수업료를 치르면서 내가 배운 것은 성공하는 기업은 절대적으로 투명해야 한다는 진리였다. 투명하지 못한 기업은 제아무리 덩치가 큰 대기업이라도 모래 위에 세운 성처럼 쉽게 허물어지게 마련이다. 그것을 증명해준 사건이 바로 지난 98년의 외환위기였다.

외환위기가 닥치자 수많은 기업들이 추풍낙엽처럼 쓰러져갔다. 하지만 우리는 아무런 탈없이 외환위기를 넘길 수 있었다. 수없는 담금질을 통해 강철이 탄생하듯 호된 시련을 통해 투명경영을 배웠기 때문이다.

게임의
부자가 되어라

♛ 옛날 어렸을 적에 친구들과 신나게 즐기던 놀이 중에 '다스께'라는 것이 있다.

다스께는 일본말로 '구해준다'는 뜻인데, 술래에게 잡혀 줄줄이 손을 잡고 갇혀 있는 친구들이 "다스께데구레" 하고 외치면, 나는 그 누구도 상상치 못하는 곳에 숨어 있다가 슈퍼맨처럼 나타나 그들을 풀어주는 놀이였다. 그 순간의 희열이란… 도저히 무엇하고도 비교할 수 없었다.

나는 종종 내가 지금 하고 있는 사업이 그때의 다스께 놀이 같다는 생각을 한다. 30년 전의 참존만 생각한다면 아무도 오늘의 모습을 상상하지 못했을 것이다. 그런데 오늘날의 참존은 정말 멋지게도 6백8십억 매출이란 위업을 당당히 이뤄냈다. 사업이 위기를 즐기는 게임이라면 우리는 그 게임에서 기분 좋게 승리를 한 것이다.

하지만 게임을 하기 위해선 우선 마음을 비워야 한다. 게임을 할 수 있다는 건 어찌 보면 성공하겠다는 목적은 있지만 그 성공만을 위해 정신없이 매달리지 않는다는 얘기가 된다. 만약 마음을 비우지 않고 무조건 성공에만 매달린다면 사업에 실패했을 때 다시 새롭게 일어설 힘을 잃기 때문이다.

15 보스는 모성 본능을 지녀야 한다
| 배움의 부자가 되어라 |

"참존 가족 여러분, 밤새 안녕하셨습니까? 지금부터 명상의 시간을 가지려 합니다. 모두 하시던 일을 중단하고 자리에 앉아 조용히 방송에 귀를 기울여주십시오."

86년 무렵부터 매일 아침 9시 정각이면 사내에 울려 퍼지던 방송 멘트이다.

나는 창업 초기부터 사원들과 가능한 많은 대화를 나누려고 노력해왔다.

회사가 잘되기 위해서는 끊임없는 대화를 통해 서로간의 이해와 신뢰를 쌓아가는 것이 무엇보다 중요하다고 믿었던 까닭이다.

그러나 회사가 커지고 사원 수가 늘어나자 예전처럼 대화를 나누는 게 쉽지 않았다. 특히 평사원들과는 하루에 한 마디도 못 나누고 지나가는 날이 많아졌다.

생각다 못한 나는 매일 아침 10분씩 명상의 시간을 갖기로 했다. 명상의 시간은 내가 직접 마이크를 잡고 마음의 양식이 될 만한 이야기를 들려주는 식으로 진행되었다. 그런 식으로나마 사원들과 마음을 나누어야겠다고 생각했던 것이다. 딱딱한 업무 이야기보다는 살냄새 나는 이야기로 하루를 연다면 회사 분위기도 훨씬 부드러워질 것 같았다.

하지만 시간이 흐를수록 내 이야기를 하기보다는 사원들의 이야기를 들어야겠다는 마음이 들었다. 나는 그 즉시 마이크를 사원들에게로 돌렸다. 그 후 명상의 시간은 전 사원이 돌아가며 동료에게 들려주고 싶은 이야기를 하는 식으로 바뀌었다. 그리고 명상의 시간이 끝나고 나면 그날 진행을 맡았던 사원과 내가 50분에 걸쳐 허심탄회하게 이야기를 나누는 개인 면담으로 이어졌다.

사장과의 개인 면담이라고 해서 특별할 것은 없었다. 사원들이 시시콜콜한 개인사에서부터 회사일에 이르기까지 크고 작은 고민들을 털어놓으면 나는 그저 고개를 끄덕이며 열심히 들어주는 것이 고작이었다. 하지만 사원들은 누군가 진지하게 자신의 이야기에 귀를 기울여준다는 사실만으로도 큰 힘을 얻는 듯했다. 때로는 이야기를 나누는 과정에서 스스로 답을 찾아가기도 했다. 이런 개인 면담을 통해 사원들과 나 사이에 깊은 이해와 신뢰가 쌓여간 것은 말할 것도 없다.

사원들과 함께 웃고 울어라

그러던 어느 날이었다. 당시에는 본사에서 서울 영업을 직영했던 터라 본사에도 미용 사원이 상당수 있었다. 그런데 그런 미용 사원 중 하나가 면담 자리에서 가슴이 뜨끔해지는 이야기를 꺼내놓는 것이었다.

"사장님, 저희가 영업을 마치고 회사에 들어오면 보통 저녁 7시나 8시쯤 되잖아요. 그 시간이면 한참 배가 고프거든요. 그런데 회사 주변에는 마땅히 밥 사먹을 만한 데가 없어요. 배고픈 걸 참고 집에 가면 밤 9시나 10시가 돼요. 사실 그 시간에 밥을 해먹거나 사먹기는 쉽지 않잖아요. 그래서 대충 빵이랑 우유로 때우고 자요. 자다보면 시간이 늦어서 아침을 거르기 일쑤예요. 아침 굶고 나와서 점심때까지 일하려면 정말 죽을 맛이죠. 그런 일이 되풀이되다 보니까 미용 사원치고 위장병 안 가진 사람이 없을 정도예요. 그래서 말인데요. 회사 주변에 저희가 언제든지 마음놓고 저녁을 사 먹을 수 있는 식당 하나만 물색해주시면 좋겠어요."

그 이야기를 듣는 순간 나는 호되게 한 방 얻어맞은 기분이었다. 이따금씩 조회 시간에 픽픽 쓰러지는 미용 사원이 있어도 빈혈이겠거니 생각했지 그런 속사정이 있을 줄은 꿈에도 생각

지 못했다. '나는 입으로만 사원을 아낀다고 떠들어왔을 뿐 사
원들의 고충에 대해서는 알려고도 하지 않았구나' 싶어 부끄럽
고 미안하기 짝이 없었다.

"알았어요. 내가 약속할게요. 오늘 저녁에 오면 맛있는 저녁
식사가 여러분을 기다리고 있을 테니 기대해도 좋아요. 그럼
저녁에 봅시다."

나는 미용 사원이 돌아가자마자 간부 사원들을 모두 사장실
로 불러모았다.

"여러분은 우리 미용 사원들이 끼니를 거를 때가 많다는 사실
을 알고 있습니까?"

내가 호통을 치자 간부 사원 하나가 기어 들어가는 목소리로
'알고 있었다'고 대답했다.

"그런데 왜 나한테 말을 안 했습니까? 일이라는 게 도대체 뭡
니까? 결국은 먹고 살자고 하는 것 아닙니까? 그런데 일하느라
밥을 굶는다는 게 말이나 됩니까? 오늘부터 우리가 직접 미용
사원들 저녁식사를 챙깁시다. 다들 부인들한테 전화해서 취사
도구 챙겨 회사로 나오라고 하세요."

그날부터 나는 우리집사람과 간부 사원 부인들의 도움을 얻어
미용 사원과 영업 사원들에게 저녁식사를 대접하기 시작했다.
정성껏 차린 저녁식사는 종일 영업을 다니느라 지친 사원들의

몸과 마음을 달래주기에 충분했다. 사원들이 맛있게 식사하는 모습을 보는 내 마음도 흐뭇하기 이를 데 없었다. 옛 어른들 말씀이 '마른 논에 물 들어가는 것과 자식 입에 밥 들어가는 것만큼 보기 좋은 일이 없다'더니 내 마음이 꼭 그랬다.

그 후 우리는 식당을 짓고 조리사를 채용하여 전 사원에게 식사를 제공하기 시작했다. 비록 허름한 간이식당이었지만 더 이상 사원들이 배를 곯으며 일하지 않아도 된다는 사실이 기쁘기만 했다. 우리는 지금도 대치동 본사와 원주공장에 구내 식당을 두고 사원들의 아침, 점심, 저녁은 물론 우리 회사를 찾는 모든 사람들에게 식사를 대접하고 있다. 물론 요즘처럼 물자가 흔한 시절에 밥 한끼는 아무것도 아닐 수 있다. 그러나 중요한 것은 밥 한끼라는 물질이 아니라 그 속에 담겨 있는 '주는 마음'이다.

한 집단을 이끄는 리더는
어머니의 마음을 갖고 있어야 한다

사람들은 대부분 주는 일보다 받는 일에 익숙해져 있다. 부모로부터 생명을 받는 그 순간부터 마지막 숨을 거두는 순간까지 인생 전체가 받는 일의 연속인 까닭이다. 이렇듯 받는 일에 익숙해져 있던 사람들은 사랑을 하면서 처음으로 주는 일을 배우게 된다. 그러나 사랑에는 조건이 따른다. 내가 주는 만큼 상대방도 나에게 돌려주어야 한다. 나는 주었는데 상대가 안 주면 한순간에 사랑이 미움으로 바뀌기도 한다. 사람들이 진정 주는 즐거움을 배우게 되는 것은 부모가 되면서부터다. 자식에겐 아무리 주어도 아깝지 않은 것이 부모, 특히 어머니의 마음이다. 한 집단을 이끄는 리더는 이런 어머니의 마음을 가지고 있어야 한다고 믿는다.

내가 신입 사원을 맞을 때면 항상 빠뜨리지 않고 하는 이야기가 있다.

"여러분, 모성 본능이라는 말 들어보셨죠? 어미는 새끼가 위험에 처하면 제 몸을 던져서 구해냅니다. 그것은 사람이나 동물이나 마찬가지지요. 그래서 성격이라고 하지 않고 본능이라고 하는 겁니다. 저는 지금부터 여러분을 모성 본능으로 다스릴 겁니다. 사실 저는 지금 저 자신한테 아주 불리한 이야기를 하고 있는 겁니다. 왜냐하면 여러분은 지금부터 과연 우리 사장이 모성 본능을 가지고 나를 대하는가를 예의 주시하게 될 것이기 때문입니다. 한마디로 저는 여러분에게 발목을 잡혀버린 겁니다. 하지만 우리 사장은 나를 모성 본능으로 다스린다고 했으니까 내가 뒤처져도 봐주겠지 하는 생각은 버리십시오. 저는 여러분이 잘못하면 가차없이 매도 들 것입니다. 진정한 모성은 자식이 훌륭하게 자랄 수 있도록 바르게 이끌어가는 것이기도 한 까닭입니다."

나는 언제나 이 약속을 지키기 위해 노력해왔고, 그러한 노력이야말로 우리 사원들이 나를 믿고 따르게 하는 원동력이었다.

사람에 대한 투자야말로
미래에 대한 투자다

나에게는 두 명의 '조강지처'가 있다. 바로 내 아내와 우리 공장장이다.

공장장은 85년 회사가 한참 어려울 때 메이저급 화장품회사의 생산과장 자리를 버리고 우리 회사로 와주었던 고마운 친구이다.

당시 우리 회사에 원료를 납품하던 무역회사 사장의 소개로 면접을 보러 왔던 그이가 내게 물은 것은 단 한 가지였다.

"사장님, 이 회사 오래하실 겁니까?"

'월급은 얼마나 줄 거냐?' '처우는 어떻게 해 줄 거냐?'라는 말 따위는 아예 입 밖에도 내지 않았다.

"그렇소. 이 회사에 내 남은 인생을 걸 작정이오."

"그럼 됐습니다. 언제부터 출근하면 됩니까?"

나는 이 친구가 점점 더 마음에 들기 시작했다. 앞을 내다볼 줄 아는 친구라는 생각이 들었다.

나중에서야 안 일이지만 공장장은 면접을 보러 오기 전에 이미 나에 대한 조사를 모두 끝마쳤다고 한다. 성균관대 약학과를 나온 것이며, 피보약국을 운영하면서 피부 연고로 명성을 날렸던 것이며, 무허가제약 혐의로 고발당해 커다란 좌절을 겪었던 것까지 말이다. 그런 다음 '이 회사가 지금은 보잘것없지만 성장 가능성만은 충분하다. 내 인생을 걸어볼 만하다'는 판단을 내리고 찾아왔던 것이다.

지금에 와서야 그 판단이 틀리지 않았다는 것이 증명되었지만 당시로서는 상당한 모험이었음에 틀림없다. 사실 직장 동료와 친구들의 반대도 만만치 않았다고 한다. "자네 모험도 좋지만 좀 심하지 않나. 그 회사 언제 문 닫을지도 모르는데"하면서.

내 욕심에 그이를 데려다 공장장 자리에 앉혀놓긴 했지만 미안한 일이 한두 가지가 아니었다. 일단 명색이 공장장이지 급여도 전만 못했다. 보다 못한 나는 다달이 1백만 원씩을 따로 책정해 그 친구에게 건네주며 독려를 했다. 그렇게 해서라도 그이를 내 곁에 붙잡아두고 싶었다.

그러던 어느 날 공장장이 본사로 나를 찾아왔다.

"사장님, 제가 공부를 좀더 해야겠습니다."

"그거 좋지. 무슨 공부를 할 건가?"

"중앙대학교 약학과 대학원에 가서 약학 박사학위를 딸 생각입니다. 사장님이 학비를 좀 대주십시오."

"그래, 좋아. 열심히 해봐."

물론 그때는 내 형편도 어려웠지만 흔쾌히 승낙했다. 사람에 대한 투자야말로 미래에 대한 투자라고 생각했던 까닭이다.

그런데 막상 대학원 등록 마감일날 사고가 생겼다. 이 친구가 피치 못할 사정이 생겨 등록을 하지 못했다. 뒤늦게 그 사실을 알게 된 나는 이튿날 새벽같이 담당교수에게 전화를 넣었다.

"저는 그 친구가 다니고 있는 회사의 사장입니다. 제가 그 친구 등록금을 맡아가지고 있었는데, 깜박 잊고 등록 날짜를 놓쳐버렸습니다. 제 실수로 한 젊은이 장래를 망쳐놓았으니 이 일을 어쩌면 좋습니까? 어떻게 사정을 좀 봐주실 수는 없는지요?"

전화통을 붙잡고 한참을 사정한 끝에 간신히 공장장을 대학원에 등록시킬 수 있었다. 공부도 때가 있는 법인데 이때를 놓치면 다시는 기회를 잡기 어려울 것이라는 생각에서였다. 그 일을 계기로 공장장과 나 사이에 끈끈한 유대감이 형성된 것은 말할 것도 없다.

공장장은 뒷날 숱한 스카우트 제의에도 불구하고 끝까지 내 곁에 남아주었다. 내가 그이를 조강지처로 여기듯 공장장 역시 나를 그렇게 생각해주었던 까닭이다. 36살 나이에 입사해 60을 훌쩍 넘겨버릴 때까지 원주공장 공장장이자 우리 회사 전무로 내 오른팔 노릇을 톡톡히 해주었다.

변치 않는 사람을 얻는 것만큼 소중한 일은 없다

공장장이 오른팔이라면 왼팔은 오랫동안 상무를 맡았던 친구다. 회사가 커지면서 내부 관리를 전담할 만한 인재를 영입할 때라고 생각했다. 회사가 커지자 나 혼자 모든 일을 처리하기가 힘들어진 까닭이었다. 셈이 빠르고, 행정에 대해서도 잘 알아서 관리를 총괄해줄 유능한 인재가 필요했다. 그때 내게로 와준 사람이었다.

우리가 처음 인연을 맺은 것은 내 셋째동생의 동기동창생인 그이가 서강대 경영학과에 진학하면서부터였다. 객지에서는 고향 까마귀만 봐도 반갑다는데 고향 후배가 예쁘지 않을 턱이 없었다. 큰 도움은 못 줘도 마음으로나마 그이를 친동생처럼 여기고 있던 터였다.

그러던 어느 날 그이가 졸업을 맞아 시골에서 부모님이 올라오시게 되었다. 나는 그이를 불러 부모님을 모시고 서울 구경을 시켜드리라며 내 차를 내주었다. 그리고도 몇 가지 그이와 나를 이어주었던 일들이 있었다. 그런데 그런 일들이 모두 그 친구에겐 상당한 마음의 빚이 되었던 모양이다.

호남정유에서 20여 년을 일한 끝에 93년 드디어 부산 지사장으로 발령을 받아 내려가면서 그 친구가 내 동생에게 남긴 이야기가 있었다.

"호남정유라고 하면 미국의 칼덱스사와 제휴하고 있는 세계적인 기업이다. 나는 지난 20년 동안 이 회사에서 미국식 경영 기법으로 회사를 관리하는 법을 배웠다. 언젠가 네 형님이 나를 필요로 한다면 나는 그리로 갈 용의가 있다. 모든 것을 버리고 형님과 일해보고 싶다. 내가 예전에 형님께 빚진 게 있는데, 그 빚을 갚을 길이라고는 형님 곁에서 형님 일을 돕는 것밖에 없는 것 같다."

내가 사람을 구하고 있다고 하자 동생이 마침 그때의 약속을 기억해냈다.

"형님, 제가 가서 그 친구를 한 번 만나보고 올까요?"

하지만 나는 선뜻 그러라고 할 수가 없었다.

"그렇게 큰 회사에 있던 친구가 우리 회사로 오려고 할까?"

"하긴 그러네요. 부산 지사장만 마치고 돌아오면 이사는 따놓은 당상이라고 하던데…. 그래도 한번 만나나 보고 올게요."

부산에 내려갔던 동생은 낙담한 얼굴로 돌아왔다. 한편으로는 실망스럽기도 했지만 한편으로는 차라리 잘됐다 싶기도 했다. 내 욕심을 채우자고 전도유망한 친구의 앞길을 막을 수는 없는 노릇이었다.

하지만 동생은 포기하지 않고 다시 그이를 설득하기 시작했다. 그러자 그이도 더는 거절을 할 수 없었던 모양이다. 지난 94년 그이는 호남정유 측에서 만류하는 것도 뿌리치고 우리 회사로 자리를 옮겼다. 그 친구가 오면서 어디서부터 손대야 할지 모를 정도로 곪아 있던 회사도 조금씩 정상을 되찾아갔다.

사실 젊은 시절에 호기롭게 던졌던 말을 끝까지 책임지기란 쉬운 일이 아니다. 하지만 그 친구는 한창 성공가도를 달리고 있을 때 자신이 했던 약속을 지키기 위해 모든 것을 버리고 내게로 와주었다. 나는 지금도 그 일에 대해 많은 고마움을 느낀다.

경영자는 지장(智將)보다는 덕장(德將)이 되어야 한다

한편 피보약국 시절부터 내 차를 몰았던 성차장 이야기도 빼놓을 수 없다. 그이는 내가 79년 무허가제약 혐의로 입건되었을 때 나를 고척동 교도소까지 실어다준 것을 마지막으로 잠시 나를 떠나 있게 되었다. 당시 내 형편으로는 그이를 내 곁에 둘 수가 없었던 것이다. 그러나 마지막 순간까지 내 곁을 떠나지 않았다는 것만으로도 그이는 이미 내게 충분히 고마운 사람이었다.

그 후 건설회사에 취직하여 사우디에 나가 있던 그이가 다시 돌아온 것은 86년 무렵이었다. 귀국 인사차 우리 집에 들렀던 그이는 내가 화장품회사를 시작했다는 소리를 듣더니 대뜸 내 밑으로 돌아오겠다는 것이었다.

"그건 안 될 말이야."

나는 손사레부터 쳤다.

"우리 회사는 월급도 형편없고, 사실 언제 문 닫을지도 모르는 형편이야. 그런데 어떻게 자네더러 우리 회사로 오라고 하겠는가."

"괜찮습니다. 저는 사장님이 반드시 성공하실 거라고 믿습니다."

그이는 막무가내였다.

"만약에 우리 회사가 망하면 어쩔 거야. 그러면 지금 있는 회사로 다시 들어갈 수도 없잖아. 지금 이 자리에서 이럴 게 아니라 집에 가서 안사람하고도 의논해보고 다시 오게."

그것은 사실상 거절이나 다름없었다. 그런 경우 부인들이 더 현실적이기 때문에 그이의 무모한 결심을 막아줄 것이라 믿었다. 그러나 그이는 다음날 다시 나를 찾아왔다. 부인도 흔쾌히 승낙을 했다는 것이다. 그이가 그렇게 나오는 데야 막을 도리가 없었다.

나는 우선 그이를 영업부로 들여보냈다. 하지만 나이도 먹을 만큼 먹은데다 경력도 없는 그이가 힘든 영업일을 배겨낼 리가 없었다. 보다못한 나는 당시 내 차를 몰던 젊은 친구를 설득해 영업부로 보내고 그이에게 다시 내 차를 몰게 했다.

그이는 정년을 훨씬 넘기고도 건강이 허락할 때까지 내 차를 몰았다. 그가 쉬고 싶다 했을 때에야 비로소 그를 보내주었다. 그것만이 내 어려운 시절을 함께 해준 그이에게 보답할 길이라 믿기 때문이다.

그 밖에도 고마운 인연들은 셀 수 없이 많다. 그러나 내가 유독 세 친구를 꼽은 것은 내게 경영자가 갖추어야 할 최대 덕목이 무엇인지를 가르쳐준 사람들이기 때문이다. 그 친구들을 만나면서 나는 '경영자는 지장(智將)보다는 덕장(德將)이 되어야 한다'는 진리를 새삼 깨닫게 되었다.

유비가 관우와 장비를 수하로 거느리게 된 것도, 제갈공명을 군사(軍師)로 모시게 된 것도 따지고 보면 덕이 있었기 때문이다. 용맹스러운 장수를 움직이는 것은 지혜로운 장수이다. 그러나 지혜로운 장수도 덕이 있는 장수 앞에서는 고개를 숙일 수밖에 없다. 그런데 이 덕장을 이기는 장수가 또 하나 있다. 바로 하늘이 내린 복을 받은 복장(福將)이다. 지난날을 돌이켜볼 때, 나는 항상 덕장이고자 했지만 사실은 하늘로부터 인복을 넘치게 받은 복장이었던 경우가 더 많은 것 같다.

배움의
부자가 되어라

♚ 고등학교를 졸업하고 대학교
에 가려고 할 때였다. 아버지가 조용히 나를 부르시더니 이렇
게 말씀하시는 것이었다.

"광석아, 너 정말 대학에 꼭 가야겠느냐? 지금부터 확실하게
잘 생각해서 결정하자. 남들이 다 대학에 간다고 아무 생각 없
이 대학에 가서야 쓰겠냐? 내가 찬찬히 따져보니까 네가 4년
동안 대학에 가서 쓰게 될 학비를 전부 모으면 조그만 사업체
를 시작해도 될 만하더라. 만약 큰뜻이 없이 대학에 갈 생각이
라면 아예 여기서 접고 오히려 회사에 취직을 하는 것이 더 낫
지 않겠냐? 그렇지 않고 네가 정히 대학에 갈 생각이라면 나를
한번 설득해보거라."

매사에 빈틈없이 정확하고 논리적이었던 아버지는 평소에도
기록하는 걸 좋아하셨는데, 심지어는 나를 비롯해 동생들한테
들어간 학비 내역까지 하나도 빠뜨리지 않고 꼼꼼히 기록해놓
으실 정도였다. 그런 아버지였으니 나로서도 최대한 명확하게
답변해드려야 했다.

"예, 그럼 제가 왜 대학에 가야 하는지 그 이유를 말씀드리지

요. 우선 '대학을 졸업한 나'와, 그렇지 않고 '고등학교만 졸업한 나'가 있다고 가정해보십시오. 만약 이 두 사람이 똑같은 직장에 들어갔다면 분명 그 사장은 둘을 각자에게 합당한 곳에 배치할 것입니다.

그런데 사장한테 갑작스런 일이 생겨서 두 사람 가운데 꼭 한 사람만을 골라 일을 맡기고 가야 된다면, 과연 누구에게 맡기겠습니까? 고등학교를 졸업해 그 분야만 알고 있는 저에게 맡기겠습니까, 아니면 대학을 나와 전체를 볼 줄 아는 저한테 맡기겠습니까?

저는 대학 생활 4년 동안 견문을 넓히고 세상 보는 눈을 키울 생각입니다. 또 친구들을 많이 사귈 겁니다. 한 부분만 알고 전문적으로 하는 것보다는 세상을 좀더 넓게 보는 것이 내 꿈을 펼치는 데 더 필요하지 않겠습니까? 그런 이유로 해서 꼭 대학에 가야 되겠습니다. 돈은 대학을 졸업한 뒤에 크게 벌 수 있습니다."

나의 대답을 들은 아버지는 두말 않고 허락해주셨다.

16 사원들에게 주인 정신을 심어주어라

| 더불어 정신의 부자가 되어라 |

우리말에는 영어의 my에 해당되는 표현이 없다 해도 과언이 아니다. 영미권에서 같으면 'my mother, my father, my home'이라고 할 것도 우리는 꼭 '우리 어머니, 우리 아버지, 우리 집'이라고 표현한다. 그에 반해 '우리'라는 표현 속에 들어 있는 공동소유, 공동책임의 의미가 제대로 지켜지는 경우는 드물다. 그 표현이 공적인 영역으로 넘어왔을 때는 더더욱 그렇다.

특히 우리 회사라고 말할 때 진심으로 그 회사를 '우리 회사'라고 생각하는 사람은 거의 없다. 사장이 말하는 '우리 회사'는 '내 회사'의 다른 표현일 뿐이고, 사원들이 생각하는 '우리 회사'는 '사장의 회사'에 다름 아니다. 그러나 참존은 다르다.

1994년까지만 해도 창립 기념일인 11월 20일에 맞춰 이듬해의 임금인상분을 발표하는 것이 우리 회사의 관례였다. 하지만 1995년에는 12월이 다 가도록 임금인상분을 발표하지 않았다. 한 해 동안 장사를 못한 것도 아닌데 임금 인상에 대한 이야기

가 없자 사원들은 술렁대기 시작했다. 물론 나는 나대로 생각
이 있었다.

사원들 한 명 한 명을
모두 사장으로 만들어라

　　　　　　　　　　　　　1996년 시무식을 하던
날이었다. 나는 마침내 벼르고 별렀던 이야기를 꺼냈다.

"여러분, 저는 오랫동안 제가 이 회사의 주인이고, 여러분은
제가 고용한 고용인에 불과하다고 생각해왔습니다. 그런데 최
근에 와서 그것이 대단한 착각이었다는 것을 깨달았습니다. 이
회사의 주인은 우리 모두입니다. 그러니까 임금도 우리 모두가
함께 결정하는 것이 옳겠지요? 올해부터는 여러분이 직접 임금
조정위원회를 조직해서 임금을 책정하도록 하십시오. 저한테
임금조정위원이 누구누구인지 알릴 필요는 없습니다. 제가 알
고 있으면 임금을 많이 올렸다가 사장한테 밉보이면 어쩌나 하
는 생각에 제대로 올리지 못할 테니까요. 임금인상분은 3월 25
일까지 결정해서 저에게 알려주십시오. 저는 언제나 여러분의
결정에 따르겠습니다. 그리고 1, 2, 3월에 못 받은 인상분은 임
금이 결정된 다음 소급해서 나눠드리도록 하겠습니다."

이렇게 폭탄선언을 해놓고는 내심 '임금을 50퍼센트쯤 올리면 어떻게 하나' 하는 걱정도 없지 않았다. 그런데 막상 사원들이 책정해 온 임금인상분을 받아보니 오히려 내가 책정한 것보다 낮았으면 낮았지 높지 않았다.

단 한 가지 문제점이라면 일반 사원들의 임금은 동종업계나 전 산업계에서도 평균을 웃도는 데 반해 중간관리직 사원들의 임금은 오히려 낮은 편이라는 것이었다. 그것은 일반 사원들은 장기근속자가 많은 데 비해 중간관리직은 뒤늦게 영입된 경우가 많아서 발생하는 우리 회사만의 고질적인 문제이기도 했다.

하지만 그 문제도 이듬해가 되자 말끔히 해결되었다. 임금조정위원회가 일반 사원들의 임금인상분에서 5퍼센트를 떼어 중간관리직 사원들의 임금에 붙여주기로 결정을 내린 것이다. 한 해만 그렇게 하고 나니 이듬해부터는 상하의 균형이 맞았다.

만약 내가 그런 결정을 내렸더라면 '사람 차별하는 거냐?'는 둥 '도대체 그 기준이 뭐냐?'는 둥 말들이 많았을 것이다. 하지만 사원들 스스로 결정한 사안이다보니 아무런 마찰 없이 매끄럽게 해결된 것은 말할 것도 없다.

더욱 놀라운 일은 98년 3월에 일어났다. 임금조정위원회에서 그해 임금을 동결하기로 결정한 것이다. '외환위기를 맞아 다른 회사에서는 임금 삭감이다 퇴출이다 말이 많은데 우리만 임금을 올릴 수는 없다'는 것이 임금조정위원회의 설명이었다.

임금조정위원회의 결정에 감동한 나는 3월 조회에서 사원들을 모아놓고 이렇게 이야기했다.

"여러분, 주인은 역시 다릅니다. 나라 경제가 어려울 때는 임금을 안 올리겠다고 결정하는 여러분이야말로 진정한 이 회사의 주인입니다. 하지만 저도 주인의 한 사람으로서 임금을 전혀 안 올린다는 것은 말도 안 된다고 생각합니다. 우리 회사는 지난 97년에도 아무런 문제 없이 장사를 잘하지 않았습니까. 참존 역사상 한 해도 임금을 안 올리고 지나간 해는 없습니다. 올해도 마찬가집니다. 여러분이 올해만 저한테 결정권을 일임해주시면 제가 이 자리에서 인상분을 결정해서 발표하겠습니다. 제 말에 동의하시면 박수를 쳐주십시오."

그러자 사원들 사이에서 우레와 같은 박수소리가 터져나왔다. 그것은 사원들과 나 사이에 단단한 유대감과 신뢰가 쌓여가는 소리이기도 했다.

영광은 함께 나누되 책임은 혼자 지는 것이 리더된 자의 도리이다

기업은 곧 사람이다.

기업의 흥망성쇠는 모두 사람을 어떻게 관리하느냐에 달려 있다 해도 과언이 아니다.

나는 사원들 모두를 사장으로 만드는 것보다 이상적인 사람관리는 없다고 생각한다. 다시 말해 사원들 모두가 주인의식을 갖도록 해야 한다는 말이다.

사원들에게 주인의식을 심어주는 방법은 다른 게 없다.

첫째, 충분한 보수를 주어야 한다.

우리 회사에는 나부터 시작해서 이른바 일류 대학을 나온 직원이 그다지 많지 않다. 그들 중에는 입사 당시만 해도 '내가 일류 대학을 못 나와서 이런 중소기업에 취직을 하는구나' 하는 열패감을 가졌던 사람도 분명히 있을 것이다. 그러나 첫 월급을 받은 다음에도 그런 못난 생각을 하는 사람은 아마 없을 거라 자신한다.

사실 우리 회사의 임금은 상당히 높은 편이다. 동종업계는 물론이고 전 산업계에서도 높은 축에 속한다. 그러니 일류 대학을 나와 대기업에 다니는 사람들을 부러워할 이유가 하나도 없다. 오히려 직장 생활을 조금 하다보면 회사에 대한 자부심마저 느끼게 된다. '우리 회사' 소리가 절로 나오게 되는 것이다.

둘째, 사원들을 인격적으로 대우해야 한다.

나는 사원들에 대해서 '내가 내 돈 주고 고용한 사람이니까 내 마음대로 부려도 된다'고 생각해본 적이 단 한 번도 없다. 돈만 많이 주면 어떻게 취급해도 참고 일해야 한다는 것은 구시대의 논리이다. 무시당하고 모욕당하고 부당한 취급을 받으면서도 참고 일할 사람은 이제 아무도 없다. 아무리 돈을 많이 줘서 눌러앉힌다 해도 그런 상황에서 주인의식이나 애사심이 발휘될 리 없다.

신의 이치는 오묘해서 이 세상 어떤 사람도 다른 누군가와 같게 만드는 법이 없다. 어찌 보면 세상 사람들 하나하나가 신이 공들여 만든 걸작품인 셈이다. 그렇게 생각하면 사람이 사람을 지배하고 지배당하는 일은 있을 수도 없는 일이 된다. 뿐만 아니라 각기 다른 사람들에게 같은 가치를 강요하는 일도 없어진다. 나는 내 목소리를 내고 너는 네 목소리를 낼 때 세상은 원활하게 움직여간다.

회사도 마찬가지다. 나는 내 위치에서 내 일을 하고, 너는 네 위치에서 네 일을 하면 된다. 필요없는 사람은 아무도 없다. 관리자의 입장에서 볼 때는 '내가 저 사람이라면 더 잘할 수 있을 텐데' 싶어도 막상 그 사람의 입장이 되어 일을 해보면 그렇지가 않다. 각자에게는 각자의 달란트가 있는 법이다. 아무리 유능한 대통령이라 해도 수위보다 수위 일을 더 잘할 수는 없다. 대통령이라 해서 수위를 무시할 일이 못 되는 것이다.

그렇다고 내가 마냥 사람 좋은 경영자인 것만은 아니다. 일단 일이 잘못되면 가혹하다 싶을 정도로 질책을 한다. 그래야만 두 번 다시 같은 잘못을 되풀이하지 않는 까닭이다. 옛말에도 미운 아이는 떡으로 기르고 예쁜 아이는 매로 기른다고 하지 않던가.

대신 그런 질책이 먹혀들어가게 하려면 스스로에게도 그만큼 엄격해져야 한다. 사실 어른은 독을 깨도 괜찮고 아이는 접시만 깨도 난리가 나는 게 우리나라의 실정이다. 그 점은 기업 경영에 있어서도 다르지 않다. 더 나아가서는 경영자의 과실에 대한 책임을 애꿎은 사원들에게 짊어지도록 하는 경우도 허다하다. 하지만 내 생각은 다르다. 만에 하나 우리 회사가 도산을 하더라도 가장 먼저 거리에 나앉는 것은 우리 사원들이 아니라 내가 될 것이다. 영광은 함께 나누되 책임은 혼자 지는 것이 리더된 자의 도리라고 믿는 까닭이다.

셋째, 사원들과 비전을 공유해야 한다.

1999년 연초에 우리 사원들이 목표로 설정한 매출액은 4백30억 원이었다. 하지만 나는 5백억 원을 주장했다. 그러면서 사원들에게 약속한 게 하나 있다.

"올해 우리가 힘을 합해 매출액 5백억 원을 달성하면 연말에 특별 보너스를 나눠드리겠습니다."

그해 우리 사원들은 어느 해보다 열심히 목표 달성을 위해 노력했다. 물론 그 약속도 어김없이 지켜졌다. 5백억 원 매출을 달성했으니 보너스도 5백 퍼센트가 나갔다. 2000년에는 6백23억 원의 매출 목표를 정하고, 사원들을 독려했다. 그리고 그해 6백23퍼센트의 연말보너스를 지급했다.

나는 지금 '당근과 채찍' 이야기를 하려는 것이 아니다. 오히려 내가 돈을 들여 회사를 만들었다고 해서 그 점을 내세울 이유가 하나도 없다는 이야기를 하고 싶다. 회사가 잘 굴러가는 것은 사원들이 각자 맡은 자리에서 최선을 다했기 때문이지 경영자가 잘나서가 아니다. 그렇다면 이익 역시 공평하게 나누어 갖는 것이 옳다. 그렇게 했을 때 비로소 사원들도 회사의 비전을 공유할 수 있게 된다. '이 회사는 내가 노력한 만큼 정당한 대가를 돌려준다'는 확신이 있는데 회사 발전을 위해 최선을 다하지 않을 이유가 없다.

기업이 존속해나가기 위해서는 반드시 필요한 네 가지 요소가 있다. 첫째는 고객이요, 둘째는 사원이요, 셋째는 주주요, 넷째는 국가이다. 때문에 기업은 반드시 이들에게 이윤을 되돌려 주어야 한다.

이윤을 돌려주는 방법은 다른 게 없다. 먼저 고객에게는 보다 좋은 제품을 보다 저렴한 가격에 공급해야 한다. 다음 사원들에게는 보다 많은 혜택을 주어야 한다. 주주에게는 보다 많은 배당금이 돌아가야 한다. 마지막으로 국가에 대해서는 한 푼도 속이는 일 없이 성실 납세를 해야 한다. 그렇게 했을 때 기업의 가치는 저절로 높아질 수밖에 없다. 나는 이것을 '포윈(Four-Win) 전략'이라 부른다. 이제는 윈윈(Win-Win)이 아니라 포윈이다. 그것만이 모두가 함께 발전해나가는 길이다.

더불어 정신의
부자가 되어라

♛ 잡지 〈리더스 다이제스트〉
에 '승리자들의 5가지 계명'이 실렸다.

첫째, 실패의 기억을 오래 남겨두지 말라. 그러므로 항상 실
패를 맞이할 준비를 해두어라.

둘째, 자기비하는 실패의 가장 큰 원인이다.

셋째, 사업은 위기를 즐기는 게임이다.

넷째, 실패가 예견된 사업이면 빨리 포기할수록 좋다.

다섯째, 실패는 마지막이 아니다. 새로운 출발점일 뿐이다.

이 5가지 계명이 모두 고개를 끄덕이게 만들지만, 그중에서도
세 번째 계명 '사업은 위기를 즐기는 게임이다'라는 문구가 나
에겐 특히 더 가슴에 와닿는다. 나 역시 사업을 해나가면서 사
업이 마치 게임 같다는 생각을 자주 하곤 한다. 그런데 사업이
란 게임은 1:1로 붙는 것이 아니다. 여러 수천의 상대방과 나와
의 게임이다. 마치 수천 명이 같이 뛰는 마라톤 경기 같다고나
할까. 그 속에서 내가 뛰고 있는 것이다.

더욱이 사업은 나 혼자서만 잘 뛴다고 되는 게임이 아니라 우

리 회사, 즉 참존팀이 함께 어깨를 나란히 하고 뛰어야 되는 게임이다. 참존의 모든 팀원들이 각자 맡은 바 분야에서 최선을 다해줘야 게임에서 승리할 수 있다는 얘기다. 그 팀에서 나는 단지 팀장일 뿐이다. 한마디로 우리 팀의 돌격대장인 셈이다. 어떤 때는 앞에서 끌어가기도 하지만, 또 어떤 때는 뒤에서 밀어주기도 해야 한다. 그것이 바로 팀장의 역할이다. 사원들 모두 "내가 근무하고 있는 회사가 이렇게 근무 환경도 좋고 여건도 좋다. 그러므로 이 회사에 종살이를 하러 온 것이 아니라 주인으로서 일하러 왔다"고 생각할 수 있도록 든든하게 뒷받침이 되어주고 자꾸 북돋워주는 사람, 그런 역할을 최고경영자인 내가 맡아야 하는 것이다.

원주공장을 세운 이래 해마다 꾸준히 시설 투자를 해온 것도, 또 사원들만으로 구성된 임금조정위원회에서 사원들뿐만 아니라 경영주의 연봉까지 자율적으로 조정하게 한 것도, 그리고 공장 수위실을 비롯해 직원 식당을 최고의 수준으로 만들기 위해 노력했던 것도 모두 그 때문이다.

4장

◇◇◇◇◇ 역사 - 신뢰할 수 있는 기업에는 그들만의 역사가 있습니다. 참존은 오랜 세월 피부 전문 약국인 피보약국을 경영했던 노하우를 바탕으로 설립되었는데 이는 시작부터가 다른 화장품사와 차별화된 점이었죠. 앞으로도 우리는 단순한 기능의 화장품을 만들지는 않을 것입니다. 피부에는 약(藥)이 되고 마음에는 낙(樂)이 되는, 피부뿐만 아니라 고객의 마음까지 살펴볼 줄 아는 '참 좋은' 참존만의 화장품을 만들 거예요.

17 위기 속에 성공의 실마리가 있다
| 좋은 습관의 부자가 되어라 |

세계 역사를 보면 민주주의 시대가 도래하기 전에 반드시 거쳐가는 단계가 전제군주 시대이다. 기업도 이와 다르지 않아 초창기에는 강한 카리스마를 가진 경영자가 전권을 틀어쥐고 경영을 해나갈 필요가 있다. '망치가 가벼우면 못이 솟아오른다'는 말도 있듯이 최고경영자가 강단 있게 경영을 해나가지 못하면 회사의 기강이 흐트러지고 만다. 우리가 94년 부도 위기를 맞게 된 것도 따지고 보면 이 점을 간과했던 탓이 크다.

망치가 가벼우면 못이 솟아오른다

회사가 몇 차례 고비를 넘기면서 제자리를 찾아갈 무렵이었다. 회사 규모가 커지고 업무가 복잡해지자 나 혼자서 모든 일을 처리하기가 쉽지 않았다. 역할분담을 해야 했다. 나는 임원진에게 영업과 자금 관리를 맡기고 제품 개발과 홍보에만 전념하기로 했다.

처음에는 모든 일이 순조롭게 진행되는 듯했다. 그런데 대리점 수가 많아지고 매출이 늘어나자 임원진이 우리도 어음을 받아주자고 조르기 시작했다. 현금판매만으로는 더 이상 매출을 늘리기가 어렵다는 것이었다. 이미 영업과 자금 관리는 임원진에게 맡긴 터라 딱 잘라 거절하기도 어려운 상황이었다.

어음을 받아주기 시작하면서 눈에 보이는 매출은 늘어났다. 하지만 회사는 점점 속 빈 강정 꼴이 되어갔다. 거래 은행에 담보를 잡히고 어음을 교환하는 일도 부지기수로 생겨났다.

설상가상으로 94년도에 들어서자 주력 상품인 데이나이트 맛사지크림과 참존 클린싱워터가 판매 하향곡선을 그리기 시작했다. 나날이 매출은 줄어들고 외상은 늘어만 가자 급기야는 '밀어내기 전략'까지 쓰게 되었다. 대리점에 재고가 있거나 말거나 한 달에 한 번씩 물건을 밀어넣고 어음을 받아 오게 된 것이다.

밀어내기 전략은 결국 제품의 부정유출로 이어졌다. 어음 결제일을 맞추기 위해 대리점 점주들이 우리 제품을 덤핑으로 내놓기 시작한 것이다. 임원진은 제품의 부정 유출을 막는다는 명목으로 한꺼번에 150명이나 되는 영업사원을 뽑아 전국 대리점마다 한두 명씩 파견근무를 내려보냈다. 그 과정에서 엄청난 인건비가 낭비된 것은 물론이고, 회사 이미지도 많이 실추되었

다. 대리점 점주 입장에서 볼 때는 본사에서 감시자를 내려보
낸 셈이니 감정이 좋을 리가 없었다.

4년 먼저 구조조정을 하다

94년 하반기에 접어
들자 급기야는 참존 부도설까지 나돌기 시작했다. 드디어 올 것
이 오고야 만 것이다. 그해 11월 나는 마침내 대대적인 구조조
정을 단행하기에 이르렀다.

"여러분, 여러분도 알다시피 지금 우리 회사가 많이 어렵습니
다. 더 이상은 450명이나 되는 직원들을 감당할 능력이 없습니
다. 지금 자진해서 퇴사하시는 분에게는 제가 퇴직금에 한 달
급여를 더 얹어드리겠습니다."

내 말이 떨어지자 250명에 이르는 직원들이 사직서를 제출했
다. 나는 직원 한 사람, 한 사람을 내보낼 때마다 마치 팔다리
가 잘려나가는 아픔을 느껴야 했다.

이제 회사에는 200명 남짓한 직원만이 남아 있을 뿐이었다.
나는 남은 직원들을 모아놓고 호소했다.

"끝까지 남아주신 여러분께 정말로 고맙다는 말씀을 드리고

싶습니다. 이제 우리는 운명공동체입니다. 우리 모두 힘을 합쳐 이 난국을 타개해나가도록 합시다."

남은 사원들은 1인 몇 역을 하면서 회사 살리기에 나섰다. 사람이 넘쳐날 때는 서로 미루기 바빴던 일도 자청해서 맡아하려는 분위기가 일기 시작했다.

나는 나대로 자구책을 강구했다. 우선 임원진에게 맡겼던 영업과 재정 업무를 돌려 받은 다음 어음결제를 중단하고 현금결제를 강행하겠다고 선언을 했다. 차츰 회사 업무도 정상을 되찾아가는 듯했다.

하지만 그것으로 끝이 아니었다. 95년 1월이 되자 각종 어음의 결제일이 돌아오기 시작했다. 중국 출장을 다녀와보니 당장 막아야 할 돈이 30억 원에 이르렀다. 결국은 청담동 본사 건물을 담보로 은행에서 돈을 빌려 부도를 막는 수밖에 없었다. 나는 마지막까지 임원진에게 아무런 질책도 하지 않았다.

어쨌거나 인생사 새옹지마라고 94년 부도위기는 우리에게 전화위복의 기회가 된 면이 없지 않다. 남들보다 4년 먼저 구조조정을 하고 거품을 빼놓은 까닭에 정작 외환위기가 왔을 때는 아무런 타격도 입지 않았던 것이다.

2000년 들어 우리 회사는 현금 판매로 돌아선 이후 외상장부도 채권관리 부서도 사라졌다. 94년 부도 위기에 시달리던 회사는 고작 6년여 만에 굳건한 위치에 다시 오를 수 있었다. 그것은 무엇보다도 위기의 순간에 과감한 결단을 내릴 수 있었기 때문이라고 생각한다.

헬렌 켈러가 남긴 말 중에 이런 것이 있다.

"안전이란 미신 같은 것이다. 자연적으로 존재하는 것도 아니고, 일반적으로 경험할 수 있는 것도 아니다. 위험을 회피하는 것은 장기적으로 보면 솔직하게 노출하는 것보다 더 안전하지 못하다. 인생이란 과감한 모험이다. 그렇지 않으면 아무것도 아니다."

나는 이 말을 사업에도 적용하고 싶다. 사업이란 끝없는 모험의 연속이다. 영원히 안전한 사업이란 없다. 다만 위기의 순간에 경영자가 얼마나 침착하게 정확한 판단을 내릴 수 있느냐에 따라 그 모험이 지속될 것인지 아닌지가 결정될 뿐이다.

좋은 습관의
부자가 되어라

♛ 평소 나의 생활 습관 중에 자랑하고 싶은 것이 있다면 첫째는 일기 쓰는 습관이요, 둘째는 독서하는 습관이다.

내가 일기를 쓰기 시작한 것은 아주 어렸을 적부터였다. 그렇게 쓰기 시작한 일기장을 대학교 때까지 헤아려보니 고리짝으로 두 짝이나 되었다. 너무나 안타까운 건 새로 집을 지으려고 물건을 옮기다가 그 일기장을 몽땅 잃어버린 것이다. 그걸 전부 모아두었다가 책으로 엮어냈으면 모르긴 몰라도 책 열두 권은 더 나왔음직한 분량이었다.

그렇게 일기를 쓰면서 나는 그 무엇과도 비교할 수 없는 굉장한 보물을 얻게 되었다. 사물을 꿰뚫어볼 수 있는 관찰력과 사고력, 또 풍부한 어휘력을 갖게 된 것이다. "샘플만 써봐도 알아요"란 광고 문구를 자연스럽게 생각해낼 수 있었던 것도, 그리고 제품 속에 들어가는 명품보증서를 내가 직접 써낼 수 있었던 것도 바로 일기 쓰는 습관에서 나왔다.

특히 나는 여행을 다녀오면 꼭 일기를 쓰곤 한다. 여행지에서 보았던 것들, 그곳에서 느꼈던 감회들, 그리고 문득문득 떠올랐던 새로운 사업 구상까지 하나도 빠짐없이 나의 일기장 속으로 들어간다. 그렇게 일기장에 담겼던 생각들이 오늘의 나를 만들어왔다.

18 칼자루를 쥐되, 칼날을 쥔 것처럼
항상 신중하라
| 명품의 부자가 되어라|

1996년의 일이다.

하루는 외근을 나갔던 영업 사원이 어이없는 소식을 가지고 돌아왔다. 콘트롤크림이 우리가 내놓는 가격보다 10퍼센트나 싼 값으로 시중에 나돌고 있다는 것이었다. 다른 회사 제품이라면 몰라도 우리 제품이 그런 식으로 덤핑 판매가 된다는 건 있을 수 없는 일이었다.

우선 대리점이나 화장품 전문점에서 덤핑 판매를 할 만큼 많은 양의 제품을 보유하고 있을 수가 없었다. 우리는 94년 부도 위기를 넘긴 뒤로 모든 제품을 예상 주문량에 맞춰 계획 생산하고 대리점이나 화장품 전문점에서 주문한 양만큼만 현금을 받고 넘겨왔기 때문이다.

**어이없는 가짜 덤핑 판매,
그러나 그것은 현금 판매의 위력을 실감케 했다**

일단은 흥분을 가라앉히고 덤핑 판매가 되었다는 제품을 살펴보는 것이 우선이었다. 영업 사원이 미심쩍어하면서 사들고 온 콘트롤크림은 겉보기엔 영락없는 우리 제품이었다. 포장 용기는 물론이고 명품보증서까지 똑같았다. 하지만 내용물을 발라보자 단박에 그 실체가 드러났다. 포장만 번드르한 가짜였던 것이다.

역추적을 해보니 어느 간 큰 사내가 가짜 콘트롤크림 10만여 개를 만들어 그중 1만여 개를 시중에 풀어놓은 상태였다. 사내는 화장품 전문점을 돌면서 참존 사장이 비자금 마련을 위해 내놓은 물건이니 안심하고 들여놓으라고 사기를 쳤단다. 없어서 못 팔던 제품을 10퍼센트나 싸게 준다니 화장품 전문점에선 마다할 이유가 없었던 것이다.

우리는 사건의 윤곽이 드러나자마자 가짜 콘트롤크림 회수에 들어갔다. 가짜를 반품받아 진품으로 바꿔준 것이다. 사기를 친 건 그 사내지만 콘트롤크림의 이미지를 더럽히지 않으려면 우리가 직접 뒷수습에 나서는 수밖에 없었다.

그러나 한편으로 생각해보면 현금 판매의 위력을 절감하게 한 사건이기도 했다. 우리가 여느 화장품 업체처럼 어음거래를 했더라면 감히 그런 사기극을 벌일 엄두도 내지 못했을 테니 말이다.

사실 어음거래는 화장품 업계뿐만 아니라 우리나라 산업계 전반에 널리 퍼져 있는 관행이다. 특히 화장품 업계에서는 정도가 더욱 심해서 제품 대금을 4~6개월짜리 어음으로 받는 일이 허다하다. 그러다보니 자금회전을 위해서는 어쩔 수 없이 어음할인을 해야 한다. 하지만 어음 할인이라는 것이 말처럼 쉬운 일도 아니고 할인료도 터무니없이 비싼 경우가 많다. 게다가 어음거래에는 항상 부도의 위험이 뒤따르게 마련이다. 한마디로 어음거래는 중소기업의 숨통을 조르는 유통구조다.

때문에 나는 창업 초기부터 현금 판매를 원칙으로 삼아왔다. 그러나 대리점 수가 점점 많아지고 매출이 늘어나자 현금 판매만을 고집하기 어려워졌다. 나는 "한 달짜리 어음만 받아줘도 매출액이 최소 30퍼센트는 늘어날 것이다. 50퍼센트 신장, 100퍼센트로 신장하는 것도 멀지 않았다"는 임원진의 말에 그만 고집을 꺾고 말았다.

한 번 어음거래를 트기 시작하자 1개월짜리 어음이 2개월짜리 어음이 되고, 2개월짜리 어음이 3개월짜리 어음이 되는 것은 잠깐이었다. 엎친 데 덮친 격으로 94년 초반에 들어서자 주력상품인 데이나이트 맛사지크림과 클린싱워터가 판매 하향곡선을 그리기 시작했다. 데이나이트 맛사지크림은 출시된 지 너무 오래 돼서 인기가 전만 못했고, 클린싱워터는 경쟁 업체에서 유사품을 싼 값에 내놓는 바람에 경쟁력이 떨어진 것이다.

나날이 매출은 줄어들고 외상은 늘어만 가는 상황이다보니 공수표 같은 어음이라도 자주 받아와야 자금 회전이 가능했다. 이제는 대리점에 재고가 있거나 말거나 한 달에 한 차례씩 제품을 갖다 안기고 어음을 받아오는 밀어내기식 영업을 하는 수밖에 없었다. 대리점은 대리점대로 어음 결제일이 다가오면 떠안고 있던 재고를 매입원가 이하로 덤핑 판매해서 부도를 막았다. 전국 대리점마다 적게는 4개월치, 많게는 6개월치씩 쌓여 있던 재고가 헐값에 팔려나가기 시작한 것이다. 애써 쌓아올린 명성과 신뢰가 하루아침에 무너질 판이었다.

새로 뽑은 영업사원 150명을 전국에 배치하여 덤핑 판매를 감시하게도 해봤지만 별 소용이 없었다. 오히려 그 과정에서 발생한 과도한 인건비 지출이 회사의 자금 사정을 더욱 악화시켰다. 그야말로 언 발에 오줌 누기식 해결책이었다.

칼자루를 쥐려면
자신만의 비장의 무기가 있어야 한다

94년 말이 되자 상황은 더 나빠졌다. 영업사원들은 이제 4개월짜리 어음도 아무렇지 않게 받아오고 있었다. 설상가상으로 '참존 부도설'까지 나돌기 시작했다. 이제는 결단의 조치를 취해야 할 때였다.

결국 11월 말에 대대적인 구조조정을 단행했다. 450명에 이르던 사원도 반으로 줄였다. 이어 벼르고 벼르던 폭탄선언을 했다.

"95년 1월 1일부터는 무조건 현금 판매입니다. 어음은 1개월짜리만 받겠습니다. 1개월 이상은 절대로 안 됩니다. 단 현금으로 결제를 하는 대리점은 10퍼센트를 할인해주겠습니다."

대리점 점주들은 하나같이 코방귀를 뀌었다.

"당신들 장사를 하려는 거요, 말려는 거요? 어음 결제 기간을 4개월에서 5개월로 연장해주겠다면 또 모르겠소. 현금결제 아니면 1개월짜리 어음이라니 그렇지 않아도 어려운 판국에 무슨 헛소리요."

사원들은 사원들대로 반대를 하고 나섰다.

"사장님, 대나무도 바로 휘려고 들면 부러지는 법입니다. 모든 일에는 단계가 있는 것 아닙니까. 부도 난다는 회사가 느닷없이 현금 판매라뇨? 이러다가 전국 대리점 점주들이 제품을 모두 반품하고 대리점 그만두겠다고 나서면 어떻게 합니까? 그 돈을 어떻게 다 내주려고 그러십니까?"

하지만 나는 아랑곳하지 않았다. 내가 칼자루를 쥘 수 있는 제품이 하나 있었기 때문이다. 94년 8월에 출시된 콘트롤크림이 바로 그것이었다.

공전의 히트 상품이 된 콘트롤크림도 당시에는 판매하기가 그리 여의치만은 않았다. 부도설까지 나도는 판국이다보니 대리점에서도 선뜻 받아주지 않았다. 그야말로 아쉬운 소리까지 해가며 납품을 해야 했다. 심지어는 사원들에게 콘트롤크림을 1인당 100개씩 팔아오게 하는 편법까지 썼다. 창업 이래 처음 있는 일이었다. 그만큼 상황이 급박했다.

그런데 콘트롤크림을 한 번 써본 소비자들이 이 제품을 다시 찾기 시작했다. 히트의 조짐이었다. 대리점이나 소매점도 소비자들이 찾는 데야 별 도리가 없었다. 현금을 주고 제품을 사가는 대리점이 하나둘 늘어갔다.

사실 현금 판매를 선언한 이후 '95년 1월에 현금 주고 사가는 물건은 단돈 5천만 원어치도 안 될 것'이라는 게 우리 영업사원들의 중론이었다.

그러나 그해 1월 우리는 현금 판매로만 8억 3천만 원의 매출을 올렸다. 현금 판매는 꾸준히 늘어나 연말이 되자 단기순이익만 27억 원에 이르렀다.

칼자루를 거머쥔 다음에는
마치 칼날을 쥔 것처럼 처신하라

해가 거듭될수록 대리점들도 대금의 10퍼센트를 할인해주는 현금결제에 맛을 들여갔다. 1천만 원어치만 구입해도 1백만 원을 벌고 들어가는 셈이니 마다할 이유가 없는 것이다. 우리 입장에서도 비싼 할인료를 물어가며 어음 할인을 하지 않아도 되니 10퍼센트쯤 깎아줘도 손해볼 일이 없었다.

현금 판매의 효과는 그것만이 아니었다. 현금을 주고 제품을 구입한 대리점은 소매점에도 현금 판매를 할 수밖에 없다. 소매점은 소매점대로 우리 제품과 타사 제품을 달리 취급하게 된다. 외상으로 산 물건은 반품이라도 할 수 있지만 내 돈 주고 산 물건은 안 팔리면 손해가 막심하다. 결국 기를 쓰고 우리 제품부터 팔게 되는 것이다. 나 역시 소매 약국 시절에 익히 경험했던 일이다.

뿐만 아니라 대리점이나 소매점이나 무턱대고 많은 양을 주문하는 일이 없어졌다. 공짜라면 양잿물도 마다하지 않지만 내 돈 드는 일에는 신중에 신중을 기하는 것이 인지상정인 탓이다.

그 결과 월 1회로 정해져 있던 정기적인 주문은 제품이 필요할 때마다 수시로 주문하고 납품하는 방식으로 바뀌어갔다. 대리점의 평균 재고 회전일도 20일 이하로 떨어졌다. 재고가 쌓일 겨를이 없으니 덤핑 판매 역시 자취를 감추었다.

우리 쪽에서도 정확한 판매 예측에 따라 적정량의 재고만을 보유하게 되니 쓸데없이 재정을 낭비하는 일이 없어졌다. '이달에는 또 어떤 대리점에서 부도를 낼까?' 노심초사하는 일 없이 회사 재정을 보다 안정적이고 계획적으로 운영할 수 있게 된 것은 말할 것도 없다. 영업 사원들 또한 수금 걱정 없이 본연의 업무인 시장 조사와 판매 촉진, 대리점 관리에만 전념할 수 있게 되었다.

우리는 95년 현금 판매를 실시한 이래 해마다 흑자를 거듭해오고 있다. 현금 판매 전략이야말로 부도위기에 놓여 있던 참존을 다시 일으켜 세워 오늘에 이르게 한 원동력이었다 해도 과언이 아니다. 하지만 그런 현금 판매 전략도 콘트롤크림이라는 비장의 무기가 없었다면 전혀 먹혀들지 않았을 것이다.

모든 싸움의 승패는 누가 칼자루를 쥐느냐에 따라 판가름이 난다. 하지만 칼자루를 거머쥔 다음에는 마치 칼날을 쥔 것처럼 처신해야 한다. 다음 순간에는 내가 칼날을 쥐게 될지도 모르니까 말이다. 지금 칼자루를 잡았다고 자만할 일도, 칼날을 잡았다고 좌절할 일도 없다. 다만 매 순간 칼자루를 거머쥐기 위해 최선을 다하는 것만은 잊지 말아야 할 것이다.

명품의
부자가 되어라

♛ 나는 지난 1995년부터 모든 제품에 명품보증서를 함께 넣고 있다.

"승자에게는 뜨거운 박수가 있듯이 명품에는 고객의 찬사가 있습니다. 써 본 사람은 다 좋다고 하고 나도 써보고 그렇게 느끼며, 자신 있게 남에게 권하는 세계 제일의 명품을 만들겠습니다."

이 명품보증서는 영국의 '버버리'가 코트의 대명사로 불리듯 '참존'을 화장품의 대명사로 만들겠다는 스스로의 다짐이자 고객과의 약속이다.

19 세상은 빠르게 변해간다
새로운 유통 채널을 찾아라

"구르는 돌에는 이끼가 끼지 않는다"는 서양 속담이 있다. 너무도 유명해서 오히려 그 의미가 퇴색되어버린 면도 없지 않은 말이다. 하지만 나는 이것만큼 성공의 원리를 잘 보여주는 말도 없다고 생각한다.

사실 실패를 거듭하고 있을 때 자기혁신의 필요성을 느끼는 것은 누구나 할 수 있는 일이다. 반면 성공하고 있을 때 자기혁신의 필요성을 느끼고 실천하기란 쉬운 일이 아니다. 사람들은 누구나 첫 번째 성공에 만족하고 거기에 안주하고 싶어하는 속성을 지니고 있기 때문이다.

그러나 내가 자기만족에 빠져 있는 동안에도 세상은 빠르게 변해간다. 나와 어깨를 겨룰 만한 경쟁자들도 속속 생겨나 어느 틈엔가 나를 젖히고 저만치 앞서나간다. 첫 번째 성공에 만족하고 있다가는 도태되어버릴 수밖에 없다. 쇠는 뜨거울 때 두드려야 한다. 성공 신화를 계속해서 이어나가려면 그 정점에서 자기혁신을 꾀할 필요가 있다. 그래야만 다음 단계로의 도약이 가능해진다.

우리도 21세기를 맞아 자기혁신을 위한 세 가지 방침을 세웠다.

첫째는 세계 일류를 향해 끊임없이 제품의 품질을 개선해나가는 것이다. 더 나아가서는 세계 일류의 위치에 오른다 해도 그러한 노력을 멈추지 않는 것이다. 그것이야말로 소비자가 진정으로 바라는 바이기 때문이다.

둘째는 참존의 전 제품을 보다 저렴한 가격으로 공급하는 것이다. 매출이 저조했던 초창기 참존은 고가(高家) 전략을 쓸 수밖에 없었다. 적게 파는 대신 많이 남겨야 했기 때문이다. 그러나 시장이 해외로까지 확대된 지금에 와서는 굳이 제품을 비싸게 팔아야 할 이유가 없어졌다. 매출이 늘어난 만큼 생산 단가는 내려갔고, 이제는 그 차액을 소비자에게 돌려줄 수 있게 되었다. 해서 앞으로는 품질 만족 못지않게 가격 만족을 위해서도 박차를 가할 생각이다.

셋째는 소비자들이 보다 편리하게 참존 제품을 구입할 수 있도록 유통 채널을 다각화하는 것이다. 사실 첫 번째와 두 번째 방침은 지난 30년 동안에도 꾸준히 노력해왔던 부분에 다름 아니다. 하지만 유통 채널의 다각화에 있어서만큼은 상당히 취약했던 것이 사실이다.

우리는 지난 85년 다단계 판매에 손을 댔다가 실패를 맛본 뒤로 줄곧 대리점을 통한 정식 제도 판매만을 고집해왔다. 그러다 보니 '참존 제품은 구하기가 너무 힘들다'는 불평을 들을 때가 많았다. 그런 소비자들의 불평은 언제나 우리를 긴장하게 만들었다. 제아무리 좋은 제품이라도 판매 루트가 한정되어 있으면 경쟁력이 떨어지게 마련이다.

해를 거듭할수록 늘어만 가는 경쟁사도 우리를 불안하게 만드는 요인 중의 하나였다. 과거에는 제조공장이 없이 화장품회사를 차린다는 것은 꿈도 꿀 수 없는 일이었다. 하지만 2000년 들어서는 제조원 따로, 판매원 따로인 화장품회사들이 늘어나고 있었다. 주문자 생산 방식(OEM)이 보편화되면서 누구든 마음만 먹으면 적은 자본을 들이고도 화장품회사를 차릴 수 있었다. 뿐만 아니라 외제 화장품을 들여와서 파는 전문 판매회사도 부쩍 늘어나고 있는 추세이다. 시장은 한정되어 있는데 경쟁은 나날이 치열해지고 있는 셈이다.

기존 시장이 포화 상태라면 다른 시장을 찾아나서는 수밖에 없다. 좁은 시장 안에서 아웅다웅하는 것은 결국 제 살 깎아먹기밖에 안 된다. 그래서 우리는 지난 97년 백화점 입점을 기점으로 유통 채널의 다각화를 추진하게 되었다.

사실 우리 입장에서 보면 백화점 입점은 저절로 굴러 들어온

복이나 다름없었다. 물론 97년 이전에도 백화점 쪽을 뚫어보자는 의견은 많았다. 하지만 나는 기내 면세품 탑재 때와 마찬가지로 소비자들이 먼저 우리 제품을 찾을 때까지 기다려보자는 입장이었다.

아니나 다를까, 97년이 되자 갤러리아 백화점 수원점에서 먼저 입점을 제안해왔다. 그 후로는 모든 일이 순풍에 돛 단 듯이 풀려나가기 시작했다. 갤러리아 백화점 수원점에 입점하자마자 예상 밖의 매출을 올린 사실이 알려지자 다른 백화점에서도 속속 연락을 해왔다. 현재 참존은 전국 12개 백화점에 입점해 있으며 앞으로도 백화점 입점은 더 늘어날 예정이다.

또한 2000년 7월에는 또다른 유통채널을 확보한 적이 있다. 다름 아닌 약국이었다. 의약 분업으로 매출이 줄어들면 약국은 살아남기 위해서라도 판매의 다변화를 꾀할 수밖에 없었다. 외국의 많은 약국들이 잡화점 형태를 띠고 있는 것도 그러한 이유에서다. 이런 경우, 약국에서 취급하기에 더없이 좋은 제품이 바로 화장품이다. 약사가 직접 화장품의 효능에 대해 설명하면 고객들은 신뢰감을 가질 수밖에 없다. 그것은 약국이나 화장품회사 모두에게 이익이 되는 일이었다.

사실 우리는 1998년부터 이미 약국 전용 화장품을 개발해놓고 의약 분업에 대비하고 있었다. 치료약이라는 뜻의 메디슨과 세포라는 뜻의 셀을 합쳐 '메디셀'이라 이름 지은 이 제품은 피부 트러블로 고민하는 여성들을 위한 고기능성 화장품이었다. 실제로 메디셀은 일부 약국이나 백화점을 통해서만 선을 보였음에도 소비자들로부터 큰 호응을 불러일으켰다. 하지만 대대적인 홍보나 마케팅만은 자제했다.

외국에서는 이미 피부를 통해서도 영양을 공급할 수 있다는 사실이 밝혀지면서 기능성 화장품이 일반화된 지 오래이다. 그러나 우리나라에서는 얼마 전까지만 해도 화장품에 기능성이라는 말을 붙이는 것 자체가 불법이었다. 기능성이나 효능성이라는 말은 약에나 통용되는 것이라는 약사들의 오랜 편견 때문이었다. 화장품 업계의 입장에서 보면 몹시 부당한 처사지만 화장품이 약사법의 제재를 받고 있는 터라 달리 항변할 길이 없었다. 우리가 메디셀 제품을 조심스레 선보일 수밖에 없었던 이유도 여기에 있다.

현재 우리는 모두 14개의 유통망을 확보하고 있다. 하지만 이 14개 유통망 중에서 같은 제품을 취급하는 곳은 거의 없다. 사실 기껏 새로운 유통망을 뚫어놓고 같은 제품을 내보내면 유통망을 확장한 보람이 없다. 처음에는 시장이 조금 넓어지는 듯싶다가도 이내 우리 회사 유통망끼리 경쟁을 벌이는 결과를 초래하기 때문이다. 그래서 우리는 돈이 더 들더라도 새로운 유통망을 확보할 때마다 새로운 제품을 만들어 내보내는 것을 원칙으로 하고 있다. 이 원칙은 '차별화'라는 참존의 경영철학과도 일맥상통하는 것이다.

개인이든 기업이든 다음 단계로의 도약을 위해서는 변화를 두려워하지 말아야 한다. 하지만 그런 변화의 와중에서도 반드시 고수해나가야 할 것은 있다. 바로 자신의 근본 철학이다.

신념의
부자가 되어라

♔ 창업한 지 올해로 29년. 2010년을 기점으로 나의 사업은 제2기로 들어섰다. 지난 29년이 사업의 기반을 닦고 정상 궤도로 올려놓는 시기였다면, 이제부터 시작되는 10년은 새로운 도약을 향해 다시 한번 뛰어오르는 시기가 될 것이다.

참존의 제2기, 즉 새로운 모습으로 거듭나기 위한 우리의 방침은 다음의 3가지로 요약된다.

첫째, 제품을 지금보다 더욱더 좋게 만든다.

궁극적으로는 세계 제일의 명품이 될 때까지 쉼 없이 연구하고 달려갈 계획이다. 한 걸음 더 나아가, 세계 제일의 명품으로 인정받고 난 후에도 우리의 노력은 끝없이 이어질 것이다. 왜냐하면 이것은 참존의 소망이자 우리를 아껴주는 고객들의 영원한 소망이라고 생각하기 때문이다.

둘째, 가격은 되도록 저렴하게 낮춰나간다.

참존의 왕, 아니 제품의 왕은 언제나 소비자이다. 소비자를 감동시킬 수 있는 방법은 오직 한 가지. 가장 좋은 제품을 가장 싼 가격으로 구입해 사용하도록 하는 것이다.

셋째, 보다 편리하게 제품을 구입할 수 있도록 한다.

소비자가 참존의 왕이라면 그 왕이 안방에 앉아서도 아주 편안하고 손쉽게 제품을 쓸 수 있도록 해야 하기 때문이다. 이를 위해 유통 채널을 다각화하고 첨단 기술을 개발해나갈 생각이다.

앞으로 내게 주어진 10년은 우리의 신념이 그대로 이루어질 것을 굳게 확신하고, 또 그것을 위해 한 걸음씩 차근차근 걸어가는 일로 채워질 것이다.

20 성공의 원동력, 제품 뱅크를 만들어라
| 준비의 부자가 되어라 |

좋은 화장품은 좋은 원료에서 나온다. 제아무리 디자인
이 세련되고 바느질 솜씨가 빼어나도 원단이 나쁘면 좋
은 옷이 나올 수 없는 것과 같은 이치다. 그래서 우리는 초창기
부터도 원료 구입에는 돈을 아끼지 않았다. 외국에서 좋은 원
료가 새로 개발되었다는 소식이 들려오면 가격이 아무리 비싸
도 망설이지 않고 구입했다.

사실 의약품이나 화장품 원료는 처음 개발되었을 때부터 1년
까지가 가장 비싼 법이다. 빨리 본전을 뽑아야 하기 때문이다.
크림엣센스 사이토케어에 들어간 사이토카인 성분만 해도 처
음에는 1킬로그램당 5백만 원을 호가하는 원료였다. 그럼에도
불구하고 우리는 더 좋은 제품을 만들기 위해 사이토카인을 사
다 쓸 수밖에 없었다. 값이 떨어지기를 기다렸다가는 제때제때
제품을 업그레이드할 수 없기 때문이다.

그러다보니 언제부턴가 화장품 원료를 취급하는 외국 회사에
서도 새로운 원료가 나오면 동양권에서는 가장 먼저 참존을 찾

게 되었다. 어느 정도까지는 값을 깎는 것도 가능해졌다. 하지만 나는 그것만으로는 만족할 수가 없었다.

성공의 길에 끝은 없다.
끊임없이 준비하고 또 준비해야 한다

좋은 원료를 접하면 접할수록 언젠가는 우리 힘으로 그에 버금가는 원료를 개발해야겠다는 욕심이 생겨났다. 그것은 경영인으로서의 욕심이라기보다는 기술인으로서의 욕심이었다. 프랑스의 파스퇴르 연구소 못지않은 생물소재연구소를 만들어 고효능 저비용 신물질 개발에 전념하게 한다면 회사의 이익을 넘어 인류에 공헌하는 길이 될 터였다.

나는 우선 92년 원주공장에 250평 공간을 할애하여 참존 중앙연구소를 설립했다. 원래 화장품회사는 법적으로 20평 이상의 연구실과 1인 이상의 연구원을 둘 의무가 있다. 그러나 참존 중앙연구소는 그런 의무를 넘어서는 것이었다. 국가에서도 그 점을 인정해 이듬해 참존 중앙연구소를 국가 공인 연구소로 승격시켜주었다.

물론 중앙연구소는 파스퇴르 연구소 못지않은 생물소재연구소를 세우겠다는 내 꿈을 충족시키기에는 턱없이 부족했다. 하지만 나는 '천리길도 한 걸음부터'라는 생각으로 때를 기다려왔다.

그런데 마침내 그 '때'가 왔다. 내가 내심 생물소재연구소 소장으로 점찍어두었던 미생물학계의 권위자 정호권 박사가 97년을 마지막으로 정년퇴임을 맞게 된 것이다. 당시 우리는 정호권 박사가 재직 중이던 건국대학교에 연간 1억 5천만 원의 연구 개발비를 지원하면서 화이트닝 성분 개발을 의뢰하고 있었다. 그러나 96년에 시작된 연구는 그때까지 끝을 맺지 못한 상태였다.

나는 97년 4월에 생물소재연구소를 열어놓고 연말에 정호권 박사를 만나 본격적인 스카우트에 들어갔다. 내 고향 선배이기도 한 그이는 연구를 매듭짓지 못하고 퇴임하는 것에 대해 무척 미안해하고 있었다. 화이트닝 성분 개발 건은 후임 교수에게 위임해놓았으니 아무 걱정 말라는 얘기도 잊지 않았다. 그러나 나는 단호히 고개를 가로저었다.

"형님이 퇴임하시면 그 프로젝트도 그만둘 겁니다. 안 그래도 우리 연구소에서 해도 되는 걸 왜 건국대학교에 맡기느냐고 회사에서 말들이 많았습니다. 형님 한 사람 보고 맡긴 건데 형님이 퇴임하시면 굳이 거기다 맡길 필요가 없지요."

정호권 박사는 내 말에 무척 당혹해하는 눈치였다.

"그럼 어떻게 하자는 건가?"

"형님이 시작한 일이니까 형님이 끝을 내셔야죠."

"내일 모레 정년 퇴임할 사람이 어떻게 그 연구를 끝낸단 말인가?"

내가 어깃장을 부린다고 생각했는지 짜증기마저 섞인 말투였다. 나는 마침내 벼르고 별렀던 말을 꺼내놓았다.

"연구소를 하나 냅시다."

순간 그이의 두 눈이 휘둥그래졌다.

"솔직히 형님 같은 인재를 한 사람 길러내려면 얼마나 많은 시간과 돈을 투자해야 합니까. 그런데 정년퇴임이라는 명목으로 그동안 쌓아올린 지식과 경험을 하루아침에 사장시킨다는 건 국가적으로도 엄청난 손해예요. 그러니까 활용을 해야지요. 그리고 형님이 아니면 안 되는 이유가 또 하나 있습니다. 형님이 그동안 길러낸 수제자만 해도 몇입니까? 때가 되면 그 친구들도 다 불러모아야지요."

"그러면 나야 좋지. 하지만 연구소라는 게 한두 푼 가지고 되는 게 아니지 않나."

그이는 걱정스레 물어왔다. 하지만 내 대답은 자신감에 가득차 있었다.

"자금과 하드웨어 쪽은 제가 책임질 테니 형님은 소프트웨어

쪽만 맡아주십시오. 저 올봄에 씨 뿌렸다고 올가을에 열매 따 먹기를 바라는 사람 아닙니다. 5년이 걸려도 좋고, 10년이 걸려도 좋습니다. 제가 언제까지고 뒷바라지해드릴 테니까 형님은 연구에만 신경 쓰십시오. 그래서 언젠가는 세계에서 내로라하는 연구소를 한번 만들어봅시다."

연구소에 대한 내 열정을 알아차린 그이는 흔쾌히 내 제안을 받아들였다. 연구소장이 정해지자 일은 일사천리로 진행되었다. 정호권 박사를 중심으로 우수한 인재들이 속속 모여들기 시작했다.

세계가 인정하는 제품을 만들어야 한다. 그것이 바로 일류 국가가 되는 길이기도 하다

그러자 이번에는 중앙연구소 소장을 겸하고 있는 원주공장 공장장이 고기능성 화장품 개발을 위한 응용연구소 설립 프로젝트를 들고 왔다. 본처가 시앗을 시샘하듯 새로 생겨난 생물소재연구소에게 주도권을 빼앗기지 않겠다는 결의가 엿보이는 프로젝트였다. 나는 흐뭇한 마음으로 응용연구소 설립을 수락했다. 선의의 경쟁을 통해 양쪽 모두 성장해나갈 수 있을 것이라는 믿음에서였다.

내 믿음대로 세 연구소는 때로 경쟁하고 때로 협력하면서 각자의 역할을 찾아갔다. 중앙연구소 하나만 운영할 때보다 질적으로나 양적으로나 우수한 연구 성과들이 쏟아져나오는 것은 말할 것도 없다. 특히 생물소재연구소는 국가에서도 그 중요성을 인정해 산업자원부에서 3년 동안 연간 1억 5천만 원의 연구개발비를 지원해주기도 했다.

응용연구팀의 연구 성과물로는 98년에 특허 출원한 감잎 추출물과 99년에 특허 출원한 적포도주 추출물 CRD-1이 있다. 미백과 수렴, 보습, 트러블 방지 효과가 뛰어난 감잎 추출물은 현재 스킨밀크엣센스에, 탄력 강화와 보습, 트러블 방지 효과가 뛰어난 CRD-1은 디에이지 제품에 주로 쓰고 있다. 그러나 이 팀의 대표 연구 성과물로는 토코비타 C와 엘-프로세라가 있다. 이들 성분은 우리 제품의 최고가 라인의 주성분이 되고 있다. 이 밖에도 이 응용연구팀에서는 지금까지 30여 건의 성분을 개발하고 특허 등록을 마친 상태이다.

이제 나의 바람은 신소재 공장을 만들어 우리가 개발한 신물질을 세계 시장에 파는 것이다. 그것은 참존의 경쟁력을 높이는 길일 뿐만 아니라, 더 나아가서는 국가 경쟁력을 높이는 길이다. 그래서 나는 연구원들을 독려할 때마다 "우리 연구소는 부유한 대한민국을 위해 설립되었다는 점을 잊지 말라"고 거듭 강조하곤 한다.

21
기업 경영은 종합예술이다
전체를 바라볼 줄 아는 안목을 키워라

"참존화장품은 용기가 그게 뭐냐? 그래도 아름다움을 가
꾸는 화장품인데, 그런 화장품을 넣는 용기치고는 너무
촌스럽지 않냐? 너는 그거 못 느끼겠냐?"

홍익대학교 시각디자인학과를 나와 디자인전문회사를 운영
하고 있는 둘째아들이 대학 시절에 가장 많이 들었다는 얘기다.
부끄럽지만 인정할 수밖에 없는 얘기이기도 하다.

사실 초창기 우리 제품의 용기는 내가 직접 디자인을 했으니
그럴 만도 했다. 당시로선 디자인 용역까지 맡길 만한 여력이
없었다. 그래도 나는 독창적인 용기를 만들어내기 위해 무진 애
를 썼다. 나름대로 디자인 컨셉도 확실히 서 있었다.

맨 처음에 만들었던 용기는 귀족적이면서도 고급스런 느낌을
주기 위해 과감하게 금색을 사용했다. 그것도 그냥 금색이 아
니라 금도금까지 입혀 제대로 만들어내려고까지 했다. 하지만
단가를 알아보니, 용기 하나를 도금하는 데만도 그때 돈으로
2만 원이 든다는 것이었다. 그 단가로는 도저히 안 되겠다는 생

각이 들었다. 배보다 배꼽이 더 큰 격이었으니 말이다.

그래도 병 어깨까지 덮는 깔대기 모양의 디자인은 비전문가의 솜씨치고는 꽤 수준급이었다. 그 후 데이나이트 브랜드 제품의 용기를 디자인할 때는 검은색을 써보았다. 화장품 용기에 금기색인 검은색을 썼다는 사실은 당시에 상당한 화젯거리가 되었다. 하지만 용기 자체는 여전히 만족스럽지가 못했다. 어떤 제품이든 그것이 담기는 용기는 제품을 더 돋보이게 하는 수단인데, 그렇게 하기엔 우리 제품의 용기 디자인이 썩 흡족하지 않았던 것이다.

그러다가 92년에 들어 회사가 커지면서 우리는 본격적인 BI(브랜드 이미지 통일화) 작업을 시도하기로 했다. 25만 달러라는 거금을 들여 세계적인 디자인 회사에 용역을 맡긴 것이다. 하지만 작업 자체도 내 마음에 쏙 들지 않았을 뿐더러 기존 제품의 디자인을 모두 바꾼다는 게 무모하게 느껴졌다. 우리는 결국 그 선에서 BI 작업을 접어버릴 수밖에 없었다.

이제 디자인에서도 고객의 박수를 받을 것이다

그러는 사이 학교를 졸업하고 우리 회사에서 1년여 동안 경력을 쌓은 둘째가 98년

N4라는 디자인전문회사를 차려 독립을 해나갔다. 그 후 아들네 회사는 우리 제품의 용기 디자인에서부터 광고, 사보까지 모든 걸 도맡아하는 훌륭한 협력업체가 되었다. 우리 제품이 백화점에 입점했을 때 매장 인테리어를 맡은 것도 둘째였다.

N4가 디자인을 맡으면서 우리 제품의 포장 용기는 촌티를 벗어나게 되었다. 하지만 나는 그것만으로는 만족할 수가 없었다. 우리 제품을 보는 고객들 입에서 '봐줄 만하다'가 아니라 '정말 멋지다'라는 감탄이 나오게끔 하고 싶은 욕심이 생겨났다.

그래서 나는 우리 회사의 모든 디자인을 세계 최고 수준으로 끌어올릴 계획을 세웠다. 젊고 유능한 디자이너들을 영입하여 사내에 디자인 팀을 꾸려나가기 시작했다.

그리고 꾸준히 아낌없는 지원을 통해 보다 나은 디자인이 나오도록 애쓰고 있다.

21세기는 바로 디자인의 시대이기 때문이다.

날이 갈수록 소비자의 요구는 점점 더 다양해지고 있다. 과거에는 질보다 양을 중시했다면 어느 순간부터는 양보다는 질을 중시하게 되었다. 이제는 그것조차 넘어서 양이나 질 못지않게 디자인도 중시하고 있다. 경쟁력의 원천 자체가 변해가고 있는 것이다.

다음 10년이 와도 우리는 품질을 최고의 경쟁력으로 삼을 테지만 디자인 또한 무시할 수가 없다. 조만간 디자인의 경쟁력이 국가경쟁력이 되는 시대가 도래할 것이고, 이미 도래하고 있기 때문이다.

내 인생 30년을 화장품에 걸었다. 앞으로 10년
나는 세계 제일의 명품을 만들어낼 것이다

지난 29년 동안 오로지 화장품만을 생각하며 걸어왔듯이 앞으로의 내 인생도 모두 화장품에 걸고 쉼없이 걸어갈 것이다. 그 흔들림 없는 인생의 결승점은 바로 세계 제일의 명품을 만들어내는 것. "써 본 사람은 다 좋다고 하고 나도 써보고 그렇게 느끼며, 자신 있게 남에게 권하는 세계 제일의 명품을 만들겠습니다"라는 명품보증서의 문구가 세계인들에게 널리 알려지고 인정받는 날, 그때야 비로소 나는 잠시 걸음을 멈추고 휴식을 취할 수 있을 것이다.

하지만 결승점에 이를 때까지는 청개구리가 변신에 변신을 거듭하듯, 또 변신을 통해 끊임없이 성장해가듯 우리도 더 나은 참존을 향해 변신하고 성장해나갈 것이다. 그것은 곧 우리의 창업 이념을 실현하고자 하는 굳은 의지의 표현에 다름 아니다.

나는 매일 사무실에 들어설 때마다, 또 원주공장에 내려갈 때마다 그곳에 써 있는 참존의 창업 이념을 한참씩 바라보곤 한다.

"참존은 부유한 대한민국을 위하여 창업한다.

내가 태어나 살고 있으며

다시 묻혀야 할 나의 조국을 풍요롭게 하며

세계 속의 선두주자가 되게 하는 것,

이는 오늘을 사는 한국인의 사명이다.

우리 모두 근검 절약하여 끊임없이 창조 개선해가자!

참존이 있어 세계 여성이 아름다우며

우리는 긍지를 가지고 품질 개선에 정성을 다할 것이다.

성실한 발전 속에 맺어진 열매는

2000년대의 조국을 위한 후진 양성에 아낌없이 쓰여져

그들과 함께 길이 살아 숨쉴 것이다.

참존이여, 영원하라!"

29년 전 사업을 시작할 때부터 지금까지 항상 변함없이 나와 함께 고통과 기쁨을 나누었던 이 글귀. 단순한 창업 이념을 뛰어넘어 이제 나에겐 든든한 친구가 되어주고 있다. 마음과 몸이 모두 지쳐 새로운 힘이 필요할 때마다 아낌없이 나를 격려하고 북돋워주었다. 앞으로 펼쳐질 나의 화장품 인생에 있어서도 이 창업 이념은 계속해서 나와 참존을 힘차게 이끌어나갈 중요한

재산이 되리라 믿는다. 참존의 제2기, 재도약의 시기가 끝나는 10년 후 나는 과연 어떤 위치에서 무엇을 생각하며 우리의 창업 이념을 바라보고 있을까. 다만 한 가지, 그때도 나는 여전히 청개구리 박사로 남아 있을 것이다.

미래의 부자가 되어라

♛ 어느 날이었다. 그날 나는 전혀 뜻밖의, 하지만 너무 기분 좋은 전화를 받게 되었다.

"광석아, 너 오늘 나한테 사인 한 장 해줘야겠다."

가깝게 지내는 친구 하나가 전화를 받자마자 대뜸 그렇게 나왔다. 나는 무슨 영문인가 어리둥절했다.

"사인이야 백 장이라도 해줄 수 있지만, 도대체 무슨 소리야?"

그 친구의 설명은 이랬다.

"내가 잘 아는 사람이 있는데 그 사람 아들이 초등학생인 모양이야. 근데 걔가 '성공시대'에서 네 얘기를 보고는 감명을 받았는지 학교에서 제일 존경하는 사람의 이름을 써내라고 하니까 이순신 장군도 아니고 세종대왕도 아니고 바로 네 이름을 써냈다고 하더라. 그리고는 집에 와서는 지 엄마보고 너한테 사인 한 장만 받아다달라고 하더래. 그래서 내가 이렇게 전화를 했다."

전후 얘기를 다 듣고 나니 그 아이가 무척이나 보고 싶어졌다. 굳이 나를 존경한다고 해서가 아니라 대체 어떤 이유로 그런 생각을 하게 되었는지 듣고 싶었기 때문이다.

"아니다, 그러지 말고 봄방학 때 그 어머니하고 아들하고 한 번 만나자고 전해라. 아무래도 내가 점심이라도 한끼 사야겠으니까."

점심 대접은 물론이지만, 만약 내가 그 아이를 만나게 된다면 꼭 들려주고 싶은 나의 좌우명이 있다. 그건 그 아이뿐만 아니라 21세기를 짊어지고 나갈 우리의 어린 새싹들에게도 전해주고 싶은 말이다.

첫째는 '성실한 생활인'이 되었으면 하는 것이다. 청소년기는 스스로 자신을 갈고 닦아 실력을 기르고 때를 기다리는 시기이다. 때문에 정직과 신의를 중히 여기고 책임과 의무를 다하며 목표의식이 뚜렷하며 긍정적이고 미래 지향적인 가치관을 가졌으면 하는 바람이다.

둘째는 '꾸준한 창조인'으로 성장할 수 있도록 노력하는 것이다. 하루가 다르게 변화하는 21세기를 주도하기 위해서는 우리 속에 잠재되어 있는 창조성을 생활화해야 한다. 하나님은 인간을 창조하실 때 만물의 영장이 되게 하셨는데, 그 증표로서 창조의 능력을 주셨다. 하지만 이 위대한 창조성을 우리는 게을

러서 스스로 계발하려 하지 않고 있으며, 그러다보니 점점 더 창조성을 잃어버린 채 살아가고 있다.

셋째는 '겸손한 봉사인'으로 생활했으면 하는 것이다. 프랑스의 철학자 사르트르는 "인생은 공짜다"라고 갈파했다. 그러므로 하루를 살아도 흑자 인생이라는 것이다. 생각해보면 우리는 모두 이 세상에 태어나는 데 1원도 투자하지 않았다. 그럼에도 불구하고 얼마나 많은 사람들로부터 사랑을 받으며 살아가고 있는가. 부모로부터, 친구로부터, 이웃으로부터… 결국 우리는 '빚진 자'이다. 그렇다면 내가 받은 사랑을 다른 사람들에게 나눠주는 일은 지극히 당연한 것이다. 기쁜 마음으로 서로 나누고 봉사할 수 있는 사람이야말로 진정 행복한 삶이 무엇인지를 깨달을 수 있다고 믿는다.

산다는 것은 각자의 길을 가는 것이다. 그 길에 지팡이 같은 좌우명 — 성실한 생활인, 꾸준한 창조인, 겸손한 봉사인. 나는 이 좌우명을 내 방에 걸어놓고 매일같이 지켜보고, 되새기면서 이제껏 살아왔다. 이제 남은 생애도 그렇게 살아갈 것이다.

5장

◇◇◇◇◇ 지칠 줄 모르는 - 새롭게, 더 새롭게. 고객이 원하면 참존은 될 때까지 합니다. "남들이 하지 않은 것을 하는 것이야말로 인류가 발전하는 원동력일 겁니다. 항상 새로운 것에 도전하는 것이 인류가 계속 발전하는 이유죠. 저도 마찬가지였습니다. 적어도 화장품에 관한 한은 말이죠. 저, 청개구리 박사는 앞으로도 멈추지 않을 겁니다."

22 골짜기가 깊으면 산이 높다
장애물이야말로 최고의 뜀틀이다

|역사의 부자가 되어라|

2013년, 나와 참존은 제2의 도약기에 성큼 들어서 있다. 감히 '지각 변동'이라는 표현을 써도 좋을 만한 징후가 곳곳에서 나타나고 있다. 사실 최근 몇 년 동안 우리 사회는 IMF보다 더 혹독한 시련기를 맞아 다들 잔뜩 몸을 움츠린 상태이다. 그런데 어떻게 참존은 시대의 흐름과 거꾸로 도약기를 맞이하게 되었다는 말일까? 고개가 갸우뚱해질 것이다. 세상의 이목을 집중시킬 만큼 특별한 이슈도, 사람들을 깜짝 놀라게 할 만한 남다른 제품이 있었던 것도 아닌데, 도대체 어떻게 그것이 가능하다는 말일까? 생각할수록 궁금증은 더해갈 것이다.

우리의 새로운 도약을 증명해줄 징후로는 여러 가지를 들 수 있다. 그런데 그중 가장 중요한 것 하나만 꼽으라면 해외 시장의 심화 확장이라 하겠다. 굳이 '심화 확장'이라고 한 데에는 다 이유가 있다. 단순한 양적 변화가 아니라, 지금까지와는 완전히 차원이 다른 질적 변화를 강조하고 싶기 때문이다. 지난 1990년대 초부터 우리는 미국과 일본 시장 개척에 이어 대만,

싱가포르, 캐나다, 프랑스, 호주에 이르기까지 세계 20개국으로 그 영역을 끊임없이 넓혀가고 있다. 하지만 2012년도 연매출 100억 원이라는 성과를 기록하며 뜨거운 성장 열기를 보여주는 중국 시장만큼 참존의 글로벌 도약기를 굳게 약속해주는 발판은 없으리라 확신한다.

중국 시장 개척에 중요한 의미를 두는 것은 시장의 규모가 굉장히 크기도 하지만, 그 시장 개척의 방법이 참으로 '참존답다'는 데 있다. 엄청난 자본력을 바탕으로 한 사회 차원의 일방적인 마케팅에 의해서가 아니라, 우리 고유의 샘플 전략을 바탕으로 아주 자연스럽게 확산되었기 때문이다.

샘플, 세미나, 서비스라는 3S 전략 가운데 샘플 한 가지만으로 이만큼 확산되었다면 나머지 전략까지 활용하여 마케팅에 집중한다면 중국 시장은 가히 우리가 상상하기 어려울 정도의 파워로 참존을 성장시킬 것이라 예측한다. 이것이 바로 내가 칠순을 넘긴 이 나이에 새삼 중국 마케팅 팀장이란 이름을 달고 다시 현장에서 뛰기로 결심한 까닭이기도 하다.

이렇게 눈앞에서 새로운 시대의 도약을 알리는 깃발이 펄럭이긴 하지만, 나는 결코 달콤한 샴페인을 터뜨리진 않을 생각이다. 지난 10여 년간 서서히 정체의 늪 속으로 빠져들어 헤맬 수밖에 없었던 뼈아픈 경험이 그것을 쉽게 허락하지 않는다. 원래 모든 사람살이가 그렇듯이 오르막이 있으면 내리막이 있는 법. 더욱이 피보약국 시절부터 지금까지 몇 차례 큰 고비를 겪어온 나로선 웬만한 고비쯤은 고비로 여겨지지도 않는다. 맷집 하나만큼은 누구에게도 지지 않을 자신이 있었다. 하지만 2000년을 전후하여 나와 참존이 올라섰던 정상이 높았던 만큼 그곳에서 내려오는 길은 더 가파르고 숨 막혔던 것 같다.

참존의 새로운 도약을 증명할 징후가 나타나고 있다.
바로 해외 시장의 '심화 확장'이다

사실 외형만 놓고 보자면 참존의 성장에 이의를 달 사람은 많지 않을 것이다. 오히려 웬 엄살을 그리 떠냐고 핀잔을 줄지도 모르겠다. 대치동에 새로운 사옥을 지어 번듯한 새집으로 이사했고, 세계적인 명품차를 판매하고 관리하는 참존모터스와 참존임포트, 참존오토모티브, 그리고 참존건설과 부온, N4 등 7개 계열사를 거느리는 그룹으로 발전했으니까 말이다. 그러나 그 모든 것의 뿌리가 되는 참존화장품은 그사이 알게 모르게 조금씩 흔들리고 있었다. 뿌리가 흔들리고 썩기 시작하면 아무리 무성하고 싱싱한 나무라도 금방 시들어버리는 것이 자연의 이치이다.

다행히 지금 참존은 썩어가던 뿌리를 잘라내고 잔가지를 쳐내며 새로운 생명으로, 아니 더 짙푸르고 튼실한 나무로 커가고 있지만, 이쯤에서 지나온 역사를 잠시 되짚어보지 않을 수 없다. 그것이 앞으로의 참존에겐 좋은 거름이 되어줄 것이고, 성공으로 가려는 많은 이들에겐 훌륭한 나침반이 되어줄 것이라 믿기 때문이다. 네덜란드의 유명한 역사가 하위징아는 역사에 대해 이렇게 말했다. 역사란 "부활이되 꿈에서의 부활이고, 보는 것이되 안 보이는 모습을 보는 것이고, 듣는 것이되 제대로 이해하지 못한 말을 듣는 것이다."

나는 언제나 과거의 일보다는 미래의 일에 관심을 두고, 한번 지나온 과거에는 절대 연연해하지 않는 편이다. 하지만 지나온 과거의 역사 속에서 보이지 않던 것을 보고 들리지 않던 것을 듣는다면, 또 그것이 미래를 풍요롭게 펼쳐나가는 데 도움이 된다면 우리는 고맙고도 기꺼운 마음으로 과거의 역사를 돌아보아야만 한다고 생각한다.

이제 뼈아픈 역사를 돌아봄에 있어 그 시작점을 2000년으로 잡는 것이 좋을 듯싶다. 2000년에 우리는 연초 목표로 삼은 6백23억 원 매출을 뛰어넘어 6백66억 원이라는 위업을 이루었고, 그해 우리 직원들은 연말에 6백66퍼센트의 연말 보너스를 받을 수 있었다. 누구도 예상치 못했던 엄청난 일이 벌어진 것이다.

그 후로 우리는 돛을 활짝 펼친 범선처럼 순풍에 몸을 맡길 수 있었다. 수레바퀴도 처음 돌릴 때는 힘이 많이 들지만 한번 굴러가기 시작하면 별다른 힘을 들이지 않고도 저절로 굴러가는 것처럼 우리도 그랬다. 전국 각지에 있는 대리점에서 러브콜이 쏟아졌고, 참존 제품은 아시아나항공과 대한항공을 타고 전 세계를 누볐으며, 그것을 뛰어넘어 일본과 미국 등에 현지 법인과 공장이 세워져 뜨거운 호응을 받기에 이르렀다. 특히 일본에서는 랭킹랭퀸이라는 인기 있는 랭킹숍에서 참존 징코 내츄럴 클린싱티슈가 뷰티 부문 판매 1위를 차지하며 화제로 떠오르기도 했다. 또한 상품 선정 기준이 엄격한 것으로 유명한 일본 최대의 홈쇼핑사인 QVC로부터 미용 부문 매출 순위 2위를 기록, 베스트셀러 루키상을 수상하는 기염을 토했다.

그런데 사세가 확장되면서 나는 그야말로 행복한 고민에 빠지지 않을 수 없었다. 항아리에 물이 가득 차올라 흘러넘치게 되었으니 다른 항아리를 마련해야 했고, 그 항아리들을 새로운 시대적 흐름에 맞게 관리해나갈 인재도 더 필요해진 것이다. 또한 내 나이 이순(耳順)을 훌쩍 넘기자 마음 한켠으로 슬몃슬몃 애초에 내가 해왔던 본연의 임무로 돌아가고 싶은 생각이 고개를 들었다. 약사 출신 피부 전문가인 나에게는 제품 개발과 고객 대상 세미나야말로 다른 어떤 옷보다 잘 어울리는 맞춤 양복이었다.

한동안 이 문제를 놓고 고민에 고민을 거듭한 끝에 드디어 결단을 내렸다. 나는 회장 직함은 여전히 유지했지만 신제품 개발과 원주공장 세미나만 맡기로 했다. 나머지 마케팅 전략 분야는 임원진과 사원들에게 모두 일임했다. 이로써 나는 1994년에 이어 두 번째로 일선에서 한 발 물러나 후방 지원군이 되었다. 물론 이런 결정을 내리는 데 있어 염려되는 점이 전혀 없었던 건 아니다. 이미 한 번 실패한 경험이 있었기에 이런저런 고심을 할 수밖에 없었다. 하지만 이번에는 그때와 달리 마음이 든든했다. 회사 재정도 믿을 만했고, 주변에 일을 믿고 맡길 만한 젊고 유능한 인재도 많았다. 그리고 내가 내 몸에 딱 맞는 옷을 입고 싶어하듯이, 그들도 그들의 양 어깨에 달려 있는 날개를 마음껏 활짝 펼치고 싶어 할 것이었다. 그들에게 그런 기회를 주는 것도 경영자로서 내가 해야 할 몫이기도 했다.

후방 지원군이 되어 제품 개발과
고객 대상 세미나에 주력하기 시작했다

새 부대에 새 술을 담는 과정은 신선했고 활기에 넘쳤다. 모터스와 건설, 인테리어,

디자인 등 그동안에는 생각지 못했던 분야를 하나씩 차근차근 개척했고, 그러면서 벌어지는 여러 가지 문제를 패기 있고 지혜롭게 잘 풀어나갔다. 속 모르는 사람들이 보기엔 무리한 사업 확장처럼 여겨질지 모르겠지만, 그 속내를 들여다보면 우리가 왜 이런 사업을 진행했는지 쉽게 이해할 수 있을 것이다.

참존 건설은 새 사옥을 짓는 과정에서 우리의 필요에 의해 자연스럽게 세워졌고, 인테리어 사업을 맡고 있는 부온 또한 마찬가지였다. 특히 부온은 새로 만든 회사가 아니라 오랫동안 우리와 함께 일해왔던 협력 업체였다. 그런데 우리의 사업 규모가 커지면서 우리와 해야 할 일이 그만큼 많아지자 그들 쪽에서 먼저 좀더 밀접한 관계를 맺으며 일하고 싶다는 뜻을 전했다. 우리로선 마다할 이유가 없었다. 디자인 부문을 맡고 있는 N4의 경우는 이미 참존의 모든 디자인을 담당하던 회사이니 더 길게 말할 필요가 없을 것이다.

그리고 세계적인 명차인 아우디와 벤틀리, 람보르기니의 한국 공식 딜러로 자동차를 판매하고 서비스센터를 운영하면서 우리는 새로운 고객층을 확보할 수 있었고, 참존의 이미지를 더욱 고급화하는 데 도움을 받게 되었다.

우리의 주력 부문인 화장품에서도 대외적으로 크고 작은 성과를 거두었다. 한국능률협회에서 선정하는 여성 기초 화장품

부문에서 브랜드파워 1위에 뽑혔고, 디에이지 레드-애디션은 대한민국광고대상 우수상을 수상했다. 또 미국 패션 전문지 『우먼스웨어데일리(WWD)』에서 선정하는 세계 100대 화장품사에 2년 연속 진입하는 쾌거를 올렸다.

그렇게 우리는 앞으로 나아갔고, 그 길엔 아무런 장애물도 없어 보였다. 그런데 예상치 못한 변수가 발목을 잡았다. 시장 구조가 엄청나게 빠른 속도로 변하기 시작했다. 그것도 너무나 다양한 방식으로 가지를 치면서 말이다.

예전에는 한 번도 생각해보지 않았던 새로운 판매 루트와 방식이 우리를 당황하게 만들었다. 그전까지는 오프라인 매장이 90퍼센트 이상의 판매 비중을 차지했는데, 언제부터인가 힘을 잃는가 싶더니 곧 20퍼센트 이하로 주저앉았다. 그리고 그 자리에는 인터넷과 대형 마트, 홈쇼핑 등이 위풍당당하게 새로운 얼굴을 내밀었다. 특별한 광고 없이 오프라인 매장 위주로 판매 전략을 짜왔던 우리로서는 소름 돋는 위기 상황이 아닐 수 없었다. 더욱이 오프라인 매장 또한 여러 회사의 제품을 두루 갖춰 놓고 파는 종합 화장품점이 아니라, 몇몇 주요 회사가 새로운 브랜드를 내걸고 자사 제품 위주로 판매를 하는 단독 대리점 형태를 취했다. 그러니 우리 제품이 차지할 자리는 더욱 좁아졌다.

결국 판매량은 답보 상태를 견디다 못해 조금씩 하향 곡선을 그리기에 이르렀다. 우리는 이리저리 해결책을 찾느라 부심했고, 그 방법으로 구좌 판매를 택하기에 이르렀다. 1구좌당 100만 원 상당의 제품을 구성하여 대리점에 넘기는 방식인데, 이때 점주들의 부가가치를 높여주기 위해 본 제품 외에 다른 제품까지 많이 얹어주었다. 회사의 출혈을 감수하고라도 판매량을 유지하려는 고육지책이었던 셈이다.

　하지만 콩 심은 데 콩 나고, 팥 심은 데 팥 나는 진리에는 한 치의 어긋남도 없었다. 얼마 안 되어 구좌 판매는 그 문제점을 고스란히 드러냈다. 점주들은 현금으로 물건을 사 갔으니 빠른 자금 회전을 위해 제품 일부를 인터넷 판매망으로 싸게 넘겼고 우리에게 덤으로 받아간 물건으로 이익을 남겼다. 물론 모든 점주가 그런 것은 아니었지만, 일부에서 계속 이런 방식으로 판매를 하게 되니 회사로선 심각한 타격을 받을 수밖에 없었다. 제품은 제품대로 이미지가 실추되고, 가격은 또 가격대로 떨어지면서 회사나 점주나 모두 손해를 볼 지경이 돼버린 것이다.

　더 이상은 가만히 지켜볼 수가 없었다. 이대로는 안 되겠다는 결심이 섰고, 곧이어 나는 후방 지원군에서 최전방 전투대원으로 재무장했다. 그리고 '초심으로 다시 돌아가자'는 뜻에서 예전의 CI(회사 로고)를 재도입하며 제2의 창업을 선포했다. 파란

색 원에 참존을 상징하는 C를 넣은 로고는 작은 것에서부터 큰 것까지 모든 것을 수용한다는 의미로 인간에서부터 세계를 포용하고자 하는 글로벌하면서도 희망찬 참존의 의지가 담겨 있다. 이것이야말로 우리가 지금까지 추구해왔던 것이고, 또 앞으로 추구해야 할 비전이었다. 다만, 우리가 그것을 잠시 잊고 있었을 뿐이다.

'초심으로 돌아가자'
제2의 창업을 선포하다

처음으로 돌아가자고 했으나 옛날 방식을 그대로 다시 써서는 안 될 말이었다. 새로운 시대 상황에 맞춰 새롭게 정비해야 했다. 그럼 어디서부터 어떻게 시작하는 것이 좋을까? 우선 나는 이름도 없는 화장품 회사를 지금의 그룹으로 키워낸 원동력이 되어주었던 3S 전략을 놓고 꼼꼼히 점검하기 시작했다. 3S야말로 우리가 계속해서 지키고 끊임없이 발전시켜야 할 핵심 전략인 까닭이다.

우선 샘플, 세미나, 서비스, 이 세 가지 중에 샘플과 세미나 전략에서는 별다른 문제점을 발견할 수 없었다. 그렇다면 문제를 해결할 열쇠는 서비스 전략에 있었다. 다양하고 새로운 유통 채

널에 노출된 소비자들에게 우리도 그에 걸맞은 서비스 프로그램을 제공해야 할 의무가 있었다. 그렇게 해서 탄생한 것이 바로 CCS와 CST이다. CCS와 CST는 참존 서비스 정신의 완결판이라 해도 손색이 없다고 자신한다.

2007년에 시작된 CCS는 참존 커스터머 숍(Charmzone Customer Shop, 고객과 참존이 만든 가게라는 의미)의 머리글자를 딴 것으로, 중간 유통을 거치지 않고 고객이 직접 전화로 주문하는 1대1 직거래 시스템이다. 유통비와 물류비 등 가격 거품을 빼고 나니 55퍼센트 정도 할인된 가격으로 소비자의 욕구를 만족시킬 수 있었다. 이 전략이 가능했던 것은 원주공장 세미나를 다녀온 12만 명의 데이터베이스 덕분이었다.

일반 고객을 대상으로 하는 CCS와 아울러 상위 1퍼센트 VVIP를 위한 선(先) 서비스, 후(後) 판매 개념의 피부 관리 전문 센터인 CST(Charmzone Skin Town, 참존 스킨타운)를 운영했다. 최상위층 고객을 초대하여 최상급 브랜드인 참인셀 라인 제품을 사용해 무료로 스킨케어 서비스를 해주는 것이다. 제품을 직접 써보게 하여 그 효과를 몸으로 느끼게 해준다는 면에서 보면 여기엔 샘플 전략이 결합되어 있다고 하겠다.

CCS와 CST가 좋은 반응을 얻으면서 우리는 신개념 서비스를 실현하는 회사로 다시 부각되었다.

그 와중에 중국에서도 희소식이 속속 날아들었다.

90년대 초부터 샘플 전략을 통해 꾸준히 씨앗을 심어온 결과였다. 또 연변과 흑룡강성, 요녕성에 사는 우리 교포들이 콘트롤크림과 클린싱워터를 갖다 팔았던 것도 큰 힘을 발휘했다. 의심 많기로 유명한 중국 사람들도 제품을 써본 후에는 계속해서 우리 제품을 찾을 수밖에 없었던 것이다.

중국을 포함해 해외판매량이 조금씩 늘어났고 2011년에는 총 매출의 30퍼센트를 넘어섰다. 그리고 작년엔 하얼빈에 오라클 성형외과와 협력하여 참존오라클CST까지 큰 규모로 오픈했다.

그사이 나는 이 기회를 놓치지 않고 힘 있게 밀고 나가기 위해 회사 내에 특별한 조직을 만들었다. 이름하여 선행연구개발팀. 그들에게 미래 사업 계획을 구상하고 실현시키도록 독려했다. 그때 내가 그들에게 했던 말이 아직도 귀에 쟁쟁하다.

"우리 회사 역사상 이렇게 전략팀이 따로 꾸려진 적은 없습니다. 그만큼 여러분의 책임이 막중합니다. 이제부터 여러분은 나와 함께 참존의 미래를 개척해나갈 특공대원이기 때문입니다. 따라서 항상 새로운 생각, 다른 생각을 해야 합니다. 그리고 생각과 함께 행동도 다른 사람들보다 먼저 하려고 노력해야 합니다."

사실 이 말은 그들이 아니라 나를 향한 스스로의 다짐이기도 했다. 깊은 골짜기를 벗어나 더 새롭고, 더 높은 산봉우리를 향해 가려는 의지의 표현이라 할 수 있다.

역사의
부자가 되어라

♛ 신뢰할 수 있는 기업에는 그들만의 역사가 있다. 그리고 그 역사는 기업이 얼마나 오래 되었느냐를 표시하는 숫자가 아니다. 기업이 숱한 고비와 장애 물에 걸려 넘어지더라도 끝끝내 놓지 않는, 또 결코 놓을 수 없 는 정신을 말한다. 어떤 고비와 장애물이든 그것을 뜀틀로 만 들어 더 높이 튀어 오르게 만드는 힘을 말한다. 그렇다면 그동 안 몇 번의 큰 장애물에 걸려 넘어질 때마다 나를 다시 일으켜 세웠던 참존의 역사와 힘은 무엇일까?

참존은 오랜 세월, 피부 전문 약국인 피보약국을 경영했던 노 하우를 바탕으로 설립되었다. 이는 시작부터가 다른 화장품사 와 차별화되는 점이다. 앞으로도 우리는 단순한 기능의 화장 품을 만들지는 않을 것이다. 피부에는 약(藥)이 되고 마음에는 낙(樂)이 되는, 피부뿐만 아니라 고객의 마음까지 살펴볼 줄 아 는 '참 좋은' 참존만의 화장품을 만들고, 그런 역사를 계속 써 나갈 것이다.

23 핵심에 집중한다
그리고 쉼 없이 진화한다

| 진화의 부자가 되어라 |

내가 참존의 기업 철학으로 삼고 있는 네 가지 원칙이 있다.

1. 기업의 크기를 생각하지 않습니다.
   기술의 깊이를 생각합니다.
2. 참존은 누구도 모방하지 않습니다.
   누구도 참존을 모방할 수 없습니다.
3. 많은 제품을 만들지는 않겠습니다.
   오직 최고의 명품만을 만들겠습니다.
4. 사랑받는 기업에서 만족하지 않겠습니다.
   더 큰 사랑을 나누는 기업이 되겠습니다.

이 네 가지는 나의 30년 화장품 인생을 흔들림 없이 지탱해준 뿌리이자, 깊은 어둠속에서도 방향을 잃지 않게 해준 나침반이었다. 지금까지 그래 왔듯이 앞으로 어떤 일이 벌어지든 이 원칙들을 지켜내고 실천하는 것이 나의 소망이고 의지이다. 이런 소망과 의지가 우리 직원들에게도 전해지길 바라는 마음에서 직원들이 일 년 365일 지니고 다니는 다이어리 노트에도 담아놓았다.

이 원칙들을 처음 만들어내고 꾸준히 지키고자 한 데에는 다 나름의 이유가 있다. 그에 대한 세세한 이야기는 그동안 했던 많은 이야기 속에 잘 녹아 있을 것이다. 하지만 세 번째만큼은 다시 한번 언급하지 않을 수가 없다. 왜냐하면 '많은 제품을 만들기보다 오직 최고의 명품만 만들겠다'는 원칙이 있었고, 그 원칙을 쉼 없이 실천해왔기에 지치고 힘들 때마다 용기를 얻었고 지금의 제2도약기를 맞이할 수 있었기 때문이다.

최고의 품질을 보증하는 제품은 우리 참존을 살아 숨 쉬게 하는 생명의 숨결이다. 그것은 마치 태초에 하나님이 흙덩어리에 불과했던 인간에게 숨을 불어 넣어 비로소 생명을 지닌 인간으로 탄생시키는 것과 같다. 만약 우리에게 차별화된 품질을 자랑하는 최고의 제품이 없었다면 진작에 생명을 잃고 소리 소문도 없이 사라져버렸을지 모른다. 아니, 그랬을 확률이 매우 높다. 그만큼 우리에게 제품 개발은 절체절명의 과업이요 생명줄이다. 내가 일선에서 물러나 있는 동안에도 늘 손에서 제품 개발을 놓지 않는 이유이기도 하다.

'많은 제품을 만들기보다
오직 최고의 명품만을 만들겠다'는 원칙을 지키다

　　　　　　　　　　　　　이번에 맞이한 또 한
번의 위기를 극복하고 글로벌도약기로 뛰어오르게 한 것도 5년
동안 지속적으로 연구해온 신제품이었다. 그 주인공은 바로 참
인셀. 신개념 특허 성분인 토코비타 C와 느슨해진 피부 장벽을
빠르게 복원시켜주는 엘-프로세라가 응축된 제품으로, 기초화
장품을 통해 피부 속부터 바꾸겠다는 참존의 의지가 그대로 실
현되어 있다고 자부한다.

　내가 제품명을 참인셀(Charm in cell)이라고 붙인 것도 그래서
다. '세포(cell) 속에(in) 참존(Charmzone)의 모든 것이 들어 있
다'는 의미이다.

　그런데 참인셀은 5년간의 연구만으로 만들어진 제품이 아니
다. 진화에 진화를 거듭해온 참존 영양크림의 4세대 완성품이
자 참존 49년 피부 과학의 모든 것을 담은 결정체이다. 기초화
장품의 핵심이라 할 수 있는 영양크림이 네 번의 진화를 거치
면서 탄생한 핵심 중의 핵심인 것이다.

　참인셀의 원조는 1993년에 출시된 참존 탑뉴스 크림으로 거
슬러 올라간다. 국내 최초 기내 면세품으로 탑재되었던 탑뉴스

크림은 수분감이 많아 번들거림이나 끈적임 없이 산뜻하게 스며드는 특징으로 소비자들에게 큰 반향을 불러일으켰다. 이후 탑뉴스 크림의 장점은 1999년 출시된 미드나이트 스페셜 크림으로 전해졌고, 이 제품엔 우유에서 추출한 영양 성분이 더해지면서 한 단계 업그레이드된다.

그리고 2008년 스킨타운 골드 크림이 3세대 영양크림으로 자리매김하는데, 골드 크림에는 순도 99.9퍼센트의 귀한 골드 성분과 감잎 추출물 등 한방 성분이 들어가면서 스트레스나 피로, 환경오염 등으로 지친 피부를 되살려 탄력 있게 만드는 데 주안점을 두었다.

참인셀은 이런 진화 발전 과정을 거쳐 만들어진 까닭에 언제 어디서 누구에게라도 자신 있게 내놓을 수 있다. 제품 가격을 40만 원이란 고가로 서슴없이 책정한 것도 어찌 보면 참인셀에 대한 확실한 자신감에서 우러난 것이다. 하지만 영양크림 하나에 40만 원이란 가격은 소비자들로선 부담스럽지 않을 수 없다. 물론 우리 생각이야 누구든 써보면 그 가치를 금방 느낄 수 있으니 틀림없이 반향이 있을 거라 믿지만, 그렇게 되기까지 어떻게 해야 하는가는 우리가 시급히 풀어야 할 당면 문제였다.

나는 우선 원주공장 세미나를 활용하여 참인셀을 소개하고, 공장을 찾아온 고객들에 한해 40만 원짜리 제품을 10만 원에 구매할 수 있도록 했다. 이와 동시에 CST(참존스킨타운)를 본격적으로 가동시킬 계획을 세웠다.

최고급 명품임을 자랑하는 참인셀인 만큼 그에 걸맞은 서비스 체험을 받도록 해야 한다는 생각이 들었기 때문이다. 단순히 마사지를 받고 제품을 구매하는 뷰티숍이 되어서는 안 된다고 판단했다. 모든 서비스가 무료이되, 마치 고가의 비용을 지불하고 서비스를 받는 고객처럼 최고의 대접을 받도록 하는 게 중요했던 것이다.

고맙게도 CST는 금방 효과를 발휘하여 큰 호응을 얻었다. 지금까지 2만 명의 고객이 다녀가면서 입에서 입으로 소문을 타고 참인셀이 퍼져나갔다.

급기야 최근에는 세계 제일의 항공사인 싱가포르 에어라인에서 스페셜 고객을 위해 실버크리스라운지에 참존 CST를 만들겠다는 제안을 해왔다. 싱가포르 에어라인에서는 창이 공항뿐만 아니라 인천 공항과 영국 히드로 공항에도 CST를 운영할 계획을 세웠고, 2013년 2월 인천공항점을 오픈했다.

사실 CST 자체의 수익만 따지면 매달 수천만 원씩 적자가 난다. 하지만 우리가 미디어 광고를 하지 않는다는 것을 생각해본다면 그 몇 배에 해당하는 효과를 충분히 거두고 있다고 생각한다.

최고의 명품을 만들기 위해
진화에 진화를 거듭하다

그런데 여기서 또 하나 재미난 것은 CST 역시 참인셀처럼 진화 발전의 과정을 거쳐 얻게 된 열매라는 점이다.

언뜻 보면 CST가 다른 회사의 피부 관리실을 벤치마킹한 것이라 볼 수도 있겠지만, 우리는 이미 1986년에 대한극장 근처에 '참존봉사실'을 열어 피부 관리 서비스를 했다. 그때는 제품 두 세트를 구매해서 한 세트는 집에 가져가고, 또 한 세트는 참존봉사실에 보관해놓고 언제든 와서 마사지를 받을 수 있도록 했다. 그것이 진화를 거듭하여 오늘날의 CST로 발전한 것이다.

참인셀과 CST는 앞으로도 계속 새로운 모습으로 진화해나갈게 분명하다. 하지만 어떤 모습으로 바뀔지는 나도 모른다. 그 진화는 내가 내 자신을 넘어설 때, 참존이 참존 자신을 넘어설 때에야 비로소 가능할 것이기 때문이다. 남을 이기는 것보다 자신을 넘어서는 일이 더 힘들지만 그것이야말로 진정으로 참존다운 것이므로 우리는 그 길을 걸어갈 것이다.

진화의 부자가 되어라

♛ 핵심에 집중하여 쉼 없이 진화하려면 무엇보다 고집스런 노력이 있어야 한다. 하지만 자기 고집에만 매몰되어서도 안 된다. 빠르게 변해가는 사회 흐름에서 밀려나면 곧바로 퇴물이 되어버리기 때문이다. 이 두 가지 과제를 조화롭게 해결하는 키워드가 바로 '진화 발전'이라 믿는다. 그리고 참존의 리뉴얼 제품화가 그 하나의 사례라고 말하고 싶다.

1984년에 태어난 1세대 참존 맛사지크림은 2세대 참존 콘트롤크림으로 이어졌고, 다시 3세대 참존 뉴콘트롤크림을 거쳐 4세대 참존 뉴콘으로 재탄생하면서 20년 가까운 세월을 롱런하고 있다.

1988년에 태어난 참존 클린싱워터는 1993년에는 참존 징코 클린싱워터로, 또 2001년에는 참존 징코 내츄럴 클린싱티슈로 출시되어 지금까지 많은 고객들로부터 사랑을 받으며 참존의 스테디셀러로 확고히 자리 잡고 있다.

여기에 참존 탑뉴스 크림으로부터 미드나이트 스페셜 크림과 스킨타운 골드 크림, 참인셀 크림까지 이어지는 영양크림의 전통이 참존을 진화의 부자로 만들어주고 있다.

24 남이 아직 찾아내지 못한 그것을, 오직 내가 찾아내라

|독창성의 부자가 되어라|

참존 하면 청개구리부터 떠올리는 사람이 대다수다. 또 청개구리 하면 거꾸로 정신을 상징한다는 사실에 이의를 달 사람도 없다. 그런데 어느 순간부터인가 슬그머니 참존의 청개구리가 사라졌다고 이야기하는 사람들이 생기기 시작했다. 도대체 참존의 청개구리는 어디로 간 것일까? 산으로 갔나, 바다로 갔나? 아니면 아예 사라져버렸나?

원래 청개구리란 동물이 겨울이 되면 동면을 하니까 그에 빗대어 아주 가끔은 이렇게 우스갯소리를 던지는 이도 있다.

"참존의 청개구리도 요즘은 동면을 하는 모양입니다."

그럴 때면 나는 서슴없이 말한다.

"참존의 청개구리도 잠깐씩은 좀 쉬어야 하지 않겠습니까? 하지만 언제든 한 단계 더 높이 뛰어오를 준비를 하고 있지요. 가만히 서 있다가 뛰는 것보다 뒤로 주춤 물러섰다가 뛰는 것이 훨씬 높이 뛰어오를 수 있는 방법이지요."

중국에서의 성공은 이런 내 말을 증명해주는 데 조금도 부족함이 없을 것이다. 얼마 전에 한국산업연구원이 발표한 자료에 따르면 중국에서의 한국 화장품 브랜드 인지도에서 참존은 2위를 차지했다. 1위를 차지한 제품과 달리 전혀 광고를 하지 않은 참존이 말이다. 징코 폼 클린싱크림 한 제품만으로도 매월 20만 개가 팔리며, 중국 온라인 몰에 3년 연속 매출 1위를 달리는 제품이다보니 우리 제품과 똑같은 짝퉁이 판을 친 적도 있다.

2007년 1월 4일, 중국 거래처로부터 희한한 소식이 전해졌다. 용기부터 포장까지 똑같이 생긴 가짜 징코 폼 클린싱크림이 인터넷에서 판매되고 있다는 것이었다. 징코 폼 클린싱크림이 유명해지면서 특별히 광고를 하지 않아도 저절로 잘 팔리고, 또 수입품으로 둔갑하면서 마진 폭이 크니 불법 제조업자들이 짝퉁을 만들어 판매한 것이다.

소식을 들은 우리는 서둘러 문제 해결에 나섰다. 위조품을 구매하고 불법 판매자를 찾는 한편으로, 변호사와 함께 사태 수습 방안을 의논했다. 다행히 불법을 저질렀을 용의자는 금방 찾아낼 수 있었다. 그런데 변호사는 난감한 표정을 지으며 말했다.

"사건 해결이 쉽지 않을 겁니다."

의외의 반응이었다. 용의자가 눈앞에 있는데도 별다른 조치를 취할 수 없다는 것이 잘 이해되지 않았다.

"그 이유가 대체 뭡니까?"

"짝퉁 제조업자를 잡아도 증거를 확보하기 힘들거든요. 그리고 확실한 증거가 없으면 처벌하기 어려워요."

사건 해결은 잠시 미궁에 빠지는 듯했다. 그런데 우리 제품을 이리저리 살피던 변호사가 갑자기 얼굴에 화색을 띠며 물었다.

"이 사진과 문구 말입니다. 이게 모든 제품에 다 들어 있나요?"

변호사는 나의 얼굴 사진과 '명품보증서' 문구가 들어 있는 설명서를 들어 보였다.

"그야 물론이죠."

그러자 변호사는 무릎을 치며 환호했다.

"이거면 됐습니다! 우리가 이길 승산이 있습니다."

어안이 벙벙해진 우리를 뒤로하고 변호사는 급히 밖으로 나갔고, 얼마 후 기쁜 소식을 들고 우리에게 돌아왔다. 짝퉁을 만들고 판매한 사람들을 잡았다는 것이다. 그 사연인즉, 이랬다. 공안국에서 용의자를 잡아온 다음, 그에게 나의 얼굴 사진과 명품보증서 문구가 있는 설명서를 내밀며 다그쳤다고 한다. 만약 짝퉁을 만들어 판매한 것이 아니라면 설명서에 있는 사진 속 인물을 데려오라고 했단다. 그러자 용의자는 곧 고개를 숙이고 자기 죄를 인정했다는 것이다.

이 사건을 겪은 후 우리는 설명서뿐만 아니라 제품의 겉포장에도 사진과 문구를 넣기로 했다. 누구든 쉽게 알아볼 수 있도록 말이다.

"세계 제일의 명품, 참존이 만들겠습니다."
승자에게 뜨거운 박수가 있듯이 명품에는 고객의 찬사가 있습니다. 써 본 사람은 다 좋다고 하고, 나도 써보고 그렇게 느끼며 자신 있게 남에게 권하는 세계 제일의 명품을 만들겠습니다.
참존 창업주 김광석

바로 이것이 짝퉁으로부터 우리 참존을 지켜준 문구이다. 1995년부터 쓰기 시작했으니 올해로 18년째가 된다. 앞으로도 모든 참존 제품에는 이 명품보증서 문구가 들어갈 것이고, 우리는 문구의 내용에 부끄럽지 않은 명품을 성심껏 만들어낼 것이다.

그런데 여기서 잠깐 짝퉁 사건이 벌어질 수밖에 없었던 이유에 대해 이야기하고 넘어가야 할 것 같다. 첫 번째 이유야 두말할 것도 없이 우리 화장품이 잘 팔리기 때문이다. 그리고 두 번째는 아무 데서나 쉽게 살 수 없기 때문이다. 중국은 물론이고 베트남과 인도네시아, 싱가포르 등 동남아시아에서도 참존의 인지도는 꽤 높은 편이다. 특히 중저가 브랜드가 아니라 고급 브랜드로 받아들여진다. 그렇게 된 데에는 판매처가 제한되어 있다는 것도 큰 역할을 하고 있다고 본다. 우리 제품은 백화점과 면세점, CST 매장에 가야만 살 수 있도록 한 것이다.

제품 생산에서도 유통에서도 '특별한 참존'을 만들어가다

흔히 물건이 잘 팔리면 매장을 여러 곳으로 자꾸 늘려나가는 것이 일반적이다. 하지만 이때 나는 청개구리의 '거꾸로 정신'을 떠올렸다. 광고를 하지 않아도 소비자들이 스스로 물건을 사러 찾아오니 매장이 늘어날수록 판매량도 증가할 게 분명하다. 이 방법은 지금까지 많은 사람들이 걸어오고, 또 걸어가고 싶어 하는 아주 평탄한 길이었다.

그러나 내 생각은 달랐다. 그렇게 하면 판매량은 증가할지 몰라도 어느 정도 시간이 지나면 참존만의 특별한 매력을 잃어버리고 만다. '특별한 참존'을 만들려면 남들이 아직 찾아내지 못한 길을 오직 내가 찾아낼 때에만 가능하다. 누구나 편하게 오갈 수 있는 평탄한 길을 걸어서는 결코 찾아낼 수 없다. 아주 험

하고 좁아서 누구도 쉽게 지나다닐 수 없는 길을 걸어야 한다. 조금은 힘이 들어도 독창적이고 도전하는 자세로 새롭고 더 넓은 길을 낼 때에야 비로소 특별함이 만들어진다.

제품을 생산하는 것도 여느 화장품 회사처럼 OEM 방식을 취하거나, 인건비가 싼 중국이나 동남아시아 쪽으로 공장을 옮기지 않는 것도 우리만의 순수성과 독창성을 지키려는 노력에 다름 아니다.

우리가 연구소를 포기하고 공장을 이전했다면 경제적으로는 큰 이익을 보았을 수 있다. 왜냐하면 해마다 연구소에 투자하는 비율이 매출액의 12~13퍼센트에 달한다. 또 좋은 원료를 구입하는 데 들어가는 비용도 여느 회사에 비해 높다. 그래서 초창기에는 원료상들조차 깜짝 놀라며 오히려 우리를 말릴 정도였다. 이제는 참존이 좋은 원료에 아낌없이 투자하는 회사라 여기고 새로운 원료가 나오면 가격과 상관없이 우리에게 가장 먼저 알려준다.

이렇게 출혈을 감수하면서까지 자체 연구와 생산을 고집하는 이유는 무엇일까? 우선은 내가 약사 출신의 피부 전문가이기 때문이라 생각한다. 만약 내가 경영만 하는 CEO였다면 굳이 이렇게까지 하지 않았을 것이다. 수익만 놓고 따지면 도저히 해낼 수 없는 일이다. 또 하나는 OEM 방식으로는 우리만의 독창적인 제품을 만들어낼 수 없다고 보기 때문이다. OEM이란 제조상으로부터 똑같은 재료를 받아다가 약간의 첨가물을 더해 자사 상표를 붙여 판매하는 방식이다. 이럴 경우 재료에 문제가 생기거나, 혹은 새로운 재료가 만들어지지 않을 경우 판매 회사로선 속수무책이다.

사실 90년대 들어서면서부터 중국에서 눈에 띌 정도로 좋은 반응이 나타났고, 그래서 1994년에는 내가 직접 중국으로 날아가 현장을 둘러보기도 했다. 그 당시 중국에서 만난 사람들은 한결같이 내게 중국에 공장을 내면 큰돈을 벌 수 있다고 적극 권했다. 그럼에도 왠지 마음이 썩 내키지 않았다. 일본 기업들이 중국에 많이 들어가 있지 않은 것도 뭔가 미심쩍었다.

결국 나는 내 식대로 우리만의 길을 만들기로 마음먹었다. 중국에서도 외상 거래가 아니라 현금 거래를 원칙으로 했고, 공장도 중국으로 옮기거나 새로 만들지 않았다. 만약 그때 많은 사람들이 권했던 대로 진행했다면 지금보다 더 빨리 중국 시장을 개척했을 수도 있다. 하지만 완전히 그 반대가 되었을지도 모른다. 누구나 잘 알다시피 당시에 중국으로 들어갔던 기업 가운데 많은 수가 제대로 뿌리를 내리지 못하고 실패했다.

우리만의 길을 걷는 것이 조금은 느리고 힘들지만, 그것이야말로 가장 참존다운 방법이라 생각한다. 또한 항상 나는 어디에서 무엇을 하든 그렇게 새로운 길을 찾는 데 주저하지 않을 것이다.

독창성의
부자가 되어라

♕ 평소 자주 하는 말 가운데 하나가 '몽당연필이 천재보다 낫다'이다. 메모의 중요성을 강조하는 말이다. 사람의 기억력에는 한계가 있어서 아주 특별한 경우가 아니라면 그것을 오래 머릿속에 담아둘 수가 없다. 하지만 기록으로 남기면 언제까지라도 두고두고 볼 수 있고, 더 나아가 다음 세대에게 물려줄 수 있는 훌륭한 자산이 된다.

또 메모는 단지 기록을 남기는 것에 그치지 않는다. 메모를 하는 동안 자신의 생각을 곰곰이 점검하고 그것을 행동으로 옮기는 단초가 된다. 사람들은 내게 묻는다. 어떻게 매번 청개구리처럼 창의적인 생각을 해낼 수 있느냐고. 다른 사람은 잘 모르겠지만, 나의 창의성의 원천은 바로 메모이다. 뭔가 해결해야 할 문제가 생기면 그것에 집중해서 생각에 생각을 거듭한다. 그러면서 언제 어디서든 불쑥불쑥 튀어나오는 생각들을 메모해놓는다. 그렇게 하다보면 어느새 남들이 생각하지 못한 새로운 아이디어를 얻게 된다.

얼마 전 선행연구개발팀 팀원들이 한자리에 모였을 때 금고 속에 오랫동안 간직해온 낡은 노트들을 꺼내 보여준 적이 있다. 젊은 시절부터 하루도 빠뜨리지 않고 써온 일기이자 연구서였다. 피보약국을 운영하며 피부약을 개발하기 위해 실험했던 내용도 몇 년에 걸쳐 꼼꼼히 기록되어 있다. 한마디로 그 노트들은 나의 역사이자 참존의 역사를 고스란히 담고 있는 실록인 셈이다.

그런데 그 노트의 겉장에 큰 글씨로 제목처럼 쓰여 있는 문구가 있다.

"남이 아직 찾아내지 못한 그것을, 오직 내가 찾아내자."

매일매일 나는 노트에 내 생각을 담으면서 그 문구를 가슴에 새기고, 또 새겼던 것이다. 그것이 조금씩 행동으로 옮겨지면서 오늘날의 나를 있게 한 원천이 되었다.

25 고객과 감동 스토리를 만들어라
메아리가 들릴 것이다
| 스토리의 부자가 되어라 |

언젠가 농사를 오랫동안 지으며 살아오신 할머니께 재미난 이야기를 들었다.

"당근은 말이야, 씨앗을 많이 뿌려서 심어야 해. 안 그러면 크기도 작고 맛도 별로 없어. 당근이란 놈들은 서로서로 기대고 살아야 잘 자라거든. 뭘 모르는 사람들은 여러 번 솎아내기도 귀찮고, 또 너무 많이 심으면 서로 양분을 빼앗아서 작게 클까 봐 씨앗을 조금씩 띄엄띄엄 심지. 하지만 그렇지가 않아."

그러면서 이런 말씀도 덧붙였다.

"그거야 사람하고 똑같지 뭐. 제아무리 잘난 척 독불장군 노릇을 하고 싶어도 이 세상에 혼자 살 수는 없는 법이잖아."

절고 고개가 끄덕여지는 얘기였다. 당근도 그렇듯이 사람도 그렇고, 특히 기업과 고객의 관계도 그렇다는 생각을 하게 된 시간이었다. 흔히들 기업은 물건을 잘 만들어서 고객에게 팔고, 고객은 그 물건을 사서 기업에 이윤을 가져다주면 그만이라고 여기기 쉽다. 다시 말해 경제적인 관계로만 생각하는 것이다. 하지만 기업이나 고객은 차가운 물체가 아니라 따뜻한 마음이 들어 있는 인격 대 인격의 쌍방향 관계이다. 서로가 서로에게 도움을 주고받고, 더 나아가 서로를 더 나은 상태로 성장할 수 있도록 북돋워주어야 한다는 이야기다.

그렇다면 어떻게 소비자와 긍정적인 쌍방향 소통 관계를 맺을 수 있을까? 이것이 바로 기업이 풀어나가야 할 숙제다. 우리는 오랫동안 고객들과 함께 차근차근 스토리를 만들어나가면서 이 숙제를 풀었다는 생각을 해본다.

스토리는 스펙과 달리 단기간에 혼자만의 노력으로 이루어지지 않는다. 스토리를 만들려면 서로가 서로에게 감동을 주는 시간이 반드시 필요하다. '아, 저 사람이 그저 나에게 물건을 팔기 위해 잘 보이려 꾸미는구나'가 아니라 '나를 진심으로 위하고 정성을 쏟는구나'라는 감동이 전해져야 한다. 그렇게 감동이 전해지면 차가웠던 심장이 뜨거워지면서 '나도 저 사람을 위해 뭐라도 하고 싶다'는 마음이 자연스럽게 생겨난다. 그리고 그 마음은 곧 메아리가 되어 상대방에게 전해지게 된다. 이쪽에서 보낸 외침을 저쪽에서 다시 메아리로 들려줄 때에야 비로소 진정한 쌍방향 소통이 이루어지는 것이다.

경영은 메아리 같다. 산에 올라 무언가를 외치면 언제나 메아리가 돌아오듯, 좋은 것을 보내면 더 좋은 대답이 돌아온다. 그

렇게 사랑을 돌려준 고객들 덕분에 참존이 있을 수 있었다. 30
년 동안 오로지 화장품만을 만들어오면서 나는 여러 번에 걸쳐
고객의 메아리를 들었다. 그 하나하나가 나와 참존에게는 더할
수 없이 소중한 보물이다. 그런데 그 가운데 특별히 나를 감동
시켰던 메아리가 있다.

고객과 스토리를 만들려면
서로가 서로에게 감동을 주는 시간이 필요하다

2009년 11월 20일, 창
립 25주년을 기념하여 우리는 참인셀을 탄생시켰다. 앞서도 얘
기한 바 있지만 참인셀은 참존 49년 피부 과학의 모든 것을 담
은 결정체였기에 제품만큼은 어디에 내놓아도 전혀 부끄럽지
않았다. 오히려 참존이 이런 명품 화장품을 만들어냈노라 큰
소리로 자랑하고 다니고 싶었다. 하지만 그건 어디까지나 우리
생각일 뿐이고 그 생각을 다른 사람들에게 알리는 일이 시급했
다. 우선은 원주공장에 찾아오는 세미나 고객들에게 참인셀을
소개하는 한편, 4분의 1 가격으로 참인셀을 구매할 수 있도록
했다. 그동안 제품 개발에 들어간 비용이며 원료비를 생각하면
턱도 없는 가격이었으나 홍보비라고 생각했다. 하지만 그마저

도 처음엔 구매하는 고객이 별로 많지 않았다. 아무리 4분의 1 가격이라고는 해도 주부들이 10만 원짜리 영양크림을 선뜻 구매하기엔 심리적 저항선이 높았다.

우리는 공장 세미나 외에 다른 방법도 함께 찾아야 했다. 그렇다고 톱모델을 쓰는 미디어 매체 광고는 하고 싶지 않았다. 참존다운 방법이 아니었기 때문이다. 개발팀에서는 신문 전단지를 끼워보자거나 샘플 제품을 특별하게 만들어보자는 등 여러 아이디어를 내놓았다. 그러나 모두 내 마음에 들지 않았다. 한동안 미궁 속에서 헤매던 나는 참인셀만을 위한 서비스 센터를 운영해보자는 결론에 다다랐다.

이렇게 생각을 정리한 나는 대치동 본사가 아닌 수지에다 먼저 CST를 열어서 실험해보기로 했다. 그리고 CST를 중심으로 반경 500미터 이내에 살고 있는 사람들 가운데 2년 이내에 원주공장을 다녀간 고객 명단을 정리하도록 했다. 곧 7백 명의 고객 명단이 완성되었고, 고객들 한 분 한 분에게 일일이 초청장을 보냈다. 물론 그때 고객들에게 보낸 초청장 문구는 내가 직접 썼다.

서비스를 먼저 하는 참존이 이제 여러분 가까이에 선(先) 서비스 후(後) 판매하는 스킨타운을 만들었습니다. 이에 특별히 귀하를 모시게 되었습니다. 3월 22일 10시에 귀한 걸음을 해 주시면 감사하겠습니다. 저희가 원주공장에서 보낸 메아리에 대해 그 메아리의 답을 여러분이 주시기를 부탁드립니다. 이 초대장을 가지고 오시면 저희는 여러분을 기쁜 마음으로 맞이할 것입니다.

그런데 초청장을 쓸 때 우리는 고객들마다 초청 날짜와 시간을 달리했다. 많은 사람을 우르르 한꺼번에 불러 떠들썩하게 잔치를 벌이는 것이 아니라, 고객 한 분마다 따로따로 시간을 정해 정성껏 대접하려는 뜻이었다. 다시 말해 참존에 가면 누구든 VIP 대우를 받을 수 있다는 각별한 경험을 주고 싶어서였다. 그 또한 참존과 고객이 새로운 스토리를 쌓아나가는 소중한 시간이 될 테니까 말이다.

수지 CST 초청 프로그램은 대성황을 이루었다. 초대한 분들 거의 대부분이 찾아오신 것이다. 고객들은 나를 마치 친구 만난 듯이 다정하게 대했고, 이런저런 안부 인사 속에 한결같이 이런 말을 곁들였다.

"회장님이 주신 메아리에 답하려고 이렇게 왔습니다."

나는 이 말이 그 어떤 칭찬이나 격려보다 훨씬 기쁘고 소중했다. 왜냐하면 내가 지난날 원주공장에서 보냈던 메아리가 그저 소리 없는 외침으로 사라지지 않고 이제 다시 행복한 메아리가 되어 나에게 되돌아왔기 때문이다. 나는 원주공장에 고객들이 찾아오면 피부에 대한 강의와 함께 공장을 견학하고 우리 제품을 선물한다. 그리고 고객들이 집으로 돌아갈 때가 되면 꼭 버스에 올라 고객들에게 이렇게 마지막 인사를 한다.

"제가 오늘 여러분에게 메아리를 보냈습니다. 이제는 여러분이 그 메아리에 답해주실 차례입니다. 언제 어디서 어떻게 그 메아리를 보내주실지는 알 수 없지만, 그때가 되면 반드시 보내주시리라 믿습니다. 언젠가 여러분이 꼭 보내주실 메아리를 기다리며 오늘은 그만 여기서 인사드리겠습니다."

그러니까 수지에서 울려 퍼진 메아리는 내가 원주공장에서 보낸 메아리의 답이었던 셈이다. 수지에서 시작된 메아리는 서울 대치점을 비롯해 대전과 대구, 부산, 광주 등으로 이어졌고 지금까지 2만여 명의 고객이 우리에게 아름다운 메아리를 보내주었다. 참으로 감사하고 고마울 따름이다.

나는 서울 사무실에 있을 때면 거의 빠짐없이 CST에 들러 우리에게 메아리를 보내주는 고객들에게 인사를 올린다.

그것은 단순히 물건을 팔고 회사를 경영하는 CEO로서가 아니고, 마치 당근이 서로에게 몸을 내주어 기댈 수 있게 해주는 것처럼 우리에게 기꺼이 한쪽 어깨를 내밀어주는 고객에게 진심에서 우러난 감사의 인사이다.

　아울러 우리도 고객들에게 한쪽 어깨를 내줄 수 있는 방법이 무엇일까 고민하는 시간을 갖기 위해서이다.

스토리의
부자가 되어라

♛ 고객과 스토리를 만들어나
가려면 무엇보다 물건을 파는 기업과 물건을 사는 소비자의 관
계에서부터 벗어나야 한다. 그리고 최대한 몸을 낮춰야 한다.
가족이나 친구와의 관계에서 나를 낮추고 상대를 존중하는 것
이상으로 겸손해져야 한다는 말이다. 그러나 절대 오해하지 않
았으면 좋겠다. 흔히 얘기하듯 소비자를 왕처럼 떠받들라는 것
이 아니다. '소비자가 왕'이라는 말 속엔 어떻게든 상대에게 잘
보여 되도록 물건을 많이 팔려는 장삿속이 기본적으로 깔린 것
처럼 느껴지기 때문이다. 이렇게 해서는 기업도 고객도 감동을
주고받을 수 없다.

기업과 고객이 함께 스토리를 만들고, 그것을 바탕으로 서로
에게 메아리를 들려주려면 두 가지 조건을 충족시켜야 한다. 하
나는, 마음이든 물질이든 무언가를 건넬 때는 홍보성 전략이나
선심성 제공이 아니라 진심으로 허리를 굽혀 양손으로 떠받들
듯 주어야 한다. 또 하나는, 단기간에 끝나는 것이 아니라 오랜
시간에 걸쳐 지속적으로 이루어져야 한다.

나는 원주공장 세미나든 외부에서 강연을 할 때든 언제 어디

서나 고객들을 맞이할 때면 늘 5분 동안 고개 숙여 인사한다. 그리고 선물을 마련할 때에도 그저 한 번 주고 말 물건이 아니라 고객이 기쁨을 느낄 수 있을 만한 것이 무엇인가 고민한다.

예를 들어 화장품 선물을 넣는 가방에도 우리 회사 로고를 가능한 한 작게 디자인해서 넣도록 한다. 그렇게 하면 고객들은 선물 받은 화장품을 쓰는 기쁨은 물론, 화장품을 다 쓴 후에도 가방을 유용하게 쓸 수 있다. 만약 가방에 참존 로고나 글씨가 크게 새겨져 있으면 왠지 상품을 홍보하고 다니는 듯한 느낌이 들어 편하게 쓸 수가 없다. 또, 한 번 쓰고 버려질 가방을 만든다는 건 경제적으로도 환경적으로도 피해야 할 일이다.

고객들을 공장으로 초대해 피부와 화장품 원리에 대해 상세히 설명하고 선물을 드리는 일을 우리는 지난 20여 년 동안 끊임없이 계속해왔다. 신제품이 나올 때면 홍보를 위해 벌이는 깜짝 이벤트가 아니었던 것이다. 이 일은 화장품 업계 역사상 거의 유일하다고 자부한다. 이런 시간의 깊이가 고객들에게 우리에 대한 신뢰를 심어주었다고 믿는다. 또한 그 신뢰는 고객들의 메아리로 우리에게 되돌아왔고, 지금도 계속 되돌아오고 있다.

이제 메아리는 국내를 뛰어넘어 해외로까지 퍼져나가고 있다.

중국 고객들과의 만남은 한중 수교가 맺어질 때부터 시작되었으니, 벌써 20여 년이 훌쩍 넘는다. 그때 중국 대사관으로 일하러 나가는 공무원들이 우리 화장품을 선물로 갖고 나간 적이 있다. 그때 선물을 받은 중국인들이 모두 무척이나 좋아했고, 점차 우리 화장품은 꼭 받고 싶은 선물이 되었다. 한번은 주중대사로 취임하게 된 분이 취임 선물로 무엇을 하면 좋겠냐고 주위에 물어보니, 다른 건 다 괜찮고 참존화장품을 가져다주면 좋겠다고 했다는 것이다. 이런 크고 작은 일이 그 후로도 계속 이어져 기회가 있을 때면 꾸준히 우리 제품을 중국에 보내게 되었다.

그러던 2011년에는 중국의 공무원들이 원주 공장을 견학하는 일이 생겼다. 여느 때처럼 손님을 맞이해 정성껏 제품에 대해 설명하고, 피부 서비스까지 최선을 다했다. 고맙게도 이 일의 메아리는 최근에 아주 크게 돌아왔다. 2011년 중국 공무원 방문단의 일행이었던 분이 참존 상해법인을 세울 때 "이런 제품이라면 중국에 들어와도 좋겠다"며 많은 도움을 주었다. 또

한 화장품의 경우 중국 지방식품의약품관리국에 허가를 받아야 하는데, 그 절차가 아주 까다로워 길게는 몇 년씩 걸리곤 한다. 그런데 참존 제품은 이미 직접 써본 분들에게 인정받은 탓에 그리 큰 어려움 없이 허가가 나오고 있다. 참으로 고마운 일이 아닐 수 없다.

얼마 전에는 러시아와의 인연이 시작되기도 했다. 2012년 공장이 있는 원주에서 '감영문화제'라는 축제가 열렸다. 그때 주요 해외 대사들을 초청한 원주시에서 참존 공장을 견학할 수 있도록 해달라는 요청을 했다. 우리는 기꺼이 50여 분을 모시고 공장 견학은 물론 선물도 푸짐하게 전했다.

그런데 그로부터 며칠 뒤 주한 러시아 무역대표부 미하일 본다렌코 대표가 서울 본사를 방문해보고 싶다고 연락해왔다. 나는 무슨 일인지 궁금해하며 그와 이야기를 나누었다. 그는 원주공장 견학 때 받은 참인셀을 써 보고 앞으로 참존 제품을 러시아에 적극 수입하고 싶다는 의견을 피력했다.

"우리 아내는 스리랑카 사람인데, 삼촌이 현 스리랑카 대통령이지요. 어려서부터 워낙 부유하게 자란 터라 세계적인 브랜드의 화장품은 다 써보았답니다. 그런데 얼마 전에 받은 참존 화장품을 발라보더니, 지금까지 써본 화장품 중에 가장 좋다며 칭찬이 멈추질 않더라고요. 그래서 러시아에도 수입하면 좋겠다는 생각이 들어 이렇게 찾아뵙게 되었습니다.”

그리고 이런 말도 덧붙였다.

“제가 영문으로 된 회장님 자서전도 읽어보았는데, 너무 좋더라고요. 우리 러시아 젊은이들에게 많이 읽혔으면 합니다. 이 책을 러시아어로 번역해 출판하고 싶은데 어떠신지요?”

분에 넘치는 칭찬에 나는 몸둘 바를 몰랐다. 그러면서 참존의 가치를 알아주는 분들이 있어 참 행복하다는 생각이 들었다. 앞으로 내가 참존을 지켜나가는 그때까지 더 열심히, 더 진심으로, 더 감동적인 참존이 되도록 노력해야겠다는 각오를 새삼 다져보았다.

26 착한 성공을 이루어라
그러면 저절로 강해진다

찢어지게 가난하던 어린 시절, 나에게 위로와 함께 미래의 성공을 굳게 다짐하게 해준 한마디가 있다. 어리고 상처 많던 내 마음에 성공에 대한 단단한 옹이를 박아주었고, 절망과 고통에 지칠 때마다 힘과 용기를 주었던 말이다.

그 말을 들었던 건 열 살 무렵이었던 것 같다. 나는 그날도 마을 양조장집으로 아래기를 얻으러 갔다. 아래기는 술을 짜내고 남은 찌꺼기인 술지게미를 말하는데, 이걸 얻어다 단맛을 내는 사카린을 타면 우리 집의 훌륭한 간식이 되어주었다. 나는 학교를 마치면 빈 통을 들고 가서 아래기를 가득 채워서는 지게에 실어 오곤 했다.

그날도 다른 때처럼 아래기 통을 지게에 지고 일어서려는데, 그날 따라 웬일인지 주변에 도움을 청할 사람이 하나도 보이지 않았다. 워낙 통이 무거워 나 혼자서는 도저히 어찌해볼 엄두가 나지 않았다. 뒤에서 누군가 힘을 보태 밀어주어야만 일어설 수가 있는데 사람이 보이지 않으니 나는 이러지도 못하고 저러지도 못하고 쩔쩔매고 있었다. 그때 마침 양조장 주인아주머니가 안채에서 나오다가 그 모습을 보고는 한달음에 달려왔다. 양조장 주인아주머니는 원래 인심 좋고 후덕하기로 자자한 분이었다. 아주머니는 얼른 지게를 밀어 내가 잘 짊어질 수 있도록 도와주고는 내 머리를 쓰다듬으며 말했다.

"광석이가 오늘도 수고가 많구나. 그런데 광석아, 네가 지금 이렇게 고생을 하고 있지만 초년고생은 금을 주고 사라고 했단다. 너는 지금 이렇게 금보다 더한 초년고생을 하니, 훗날 커서 꼭 부자로 잘 살 게다."

그때 그 말이 어찌나 가슴에 들어와 박히는지, 나는 집으로 오는 내내 얼마나 울었는지 모른다. 어린 나를 위로해주는 그분이 고마운 한편으로, 먹을 게 없어 아래기를 얻으러 다니는 내 처지가 무척이나 서글프고 기막혔던 것 같다. 그렇게 울면서 집으로 오는 길에 나는 주먹을 꼭 쥐고 다짐했다.

'그래, 지금 나는 금을 주고 초년고생을 사고 있는 거야. 훗날 반드시 성공해서 오늘의 이 고생에 갚음을 할 거야.'

그로부터 한참의 세월이 흘러 그분 말씀대로, 또 나의 다짐대로 먹고살기에 부족함이 없어지면서도 나는 그때 일이 늘 머릿속에서 떠나지 않았고, 언제나 그때 일을 떠올리면 나도 모르게 눈가가 촉촉이 젖고는 했다. 그러면서 양조장 아주머니가 나에게 했던 것처럼 나도 누군가에게 희망을 주고 삶을 단단히 다지게 해주는 사람이 되어야겠다고 결심했다. 특히 나처럼 돈이 없어 공부를 할 수 없는 아이들, 또 캄캄한 절망 속에 갇혀 있는 사람들과 함께 희망을 나누고 싶었다.

현재에도, 미래에도 많은 사람과 함께 멀리 가는 참존을 보여줄 것이다

2001년 한국부인암재단을 설립할 때 기본 재산을 출연하기로 선뜻 마음먹었던 것도 그 뿌리는 나의 어린 시절에 있다는 생각이 든다. 한국부인암재단은 자궁암과 난소암 등 부인암의 발병 원인과 치료법을 연구하고 영세민 및 외국 여성 근로자에게 수술비를 지원하는 비영리재단이다. 지금까지 계속되고 있는 한국부인암재단 후원은 화장품의 주요 고객이 여성들인 만큼 우리나라 여성들의 건강을 지키는 일이라면 누구보다 적극 도와야 하는 일이기도 했다.

캐나다의 한글학교에 해마다 5천 달러씩 보낸 지도 벌써 10년이 훌쩍 넘어간다. 프레이저밸리라는 곳에 있는 한글학교와 인연을 맺기 시작한 것은 미생물학을 연구하는 김재상 박사 덕분이다. 그분이 한글학교의 이사장을 맡으면서 나에게 도움을 청했던 것이다. 멀리서나마 그곳 아이들에게 작은 정성을 보낼 수 있게 되어 나는 아주 기쁜 마음이었다. 요즘도 한글학교 아이들이 서툰 한글 솜씨로 내게 편지를 보내오는데, 그 편지를 읽을 때면 무엇과도 비할 수 없는 행복감으로 가득 찬다.

그리고 지난 2008년도부터 하동여고에 '형설의숙'이라는 기숙사를 꾸려가도록 매년 5천만 원씩 보내주고 있는데, 이것은 우리 직원들도 잘 모르는 이야기이다. 하동은 내 고향이기도 한데, 어느 날 학교를 운영하는 분이 찾아와 이런저런 어려움을 전했다. 간단히 정리하면 학생들이 도시에 있는 고등학교로 진학하면서 학생 수가 점점 줄어드는 상황이라는 것이다. 그래서 만약 도움을 줄 수 있다면 기숙사 형태의 방과후 교실을 운영해보고 싶다고 했다.

나는 이 제안을 흔쾌히 받아들였고, 곧 학교에서는 한 학년당 다섯 명의 학생을 선발해 학자금을 포함해 기숙사비를 전액 지원했다. 선발된 학생들은 월요일부터 토요일까지 학교에서 먹고 자면서 오로지 공부에만 매진할 수 있었다.

이렇게 되니 선발된 학생들은 학생들대로 열심히 공부하고, 나머지 학생들도 장학생으로 뽑히기 위해 공부에 몰두하면서 학생들 실력이 눈에 띄게 좋아지기 시작했다. 해마다 대학 진학률이 높아졌고 마침내 서울대와 연고대 등 명문 대학에 합격

하는 학생들이 늘어났다. 그에 따라 하동여고의 인기가 높아지면서 인근 중학교 여학생들이 하동여고에 가고 싶어 하는 분위기까지 만들어졌다.

사실 이런 이야기를 밖으로 드러내놓고 하는 게 나로서는 여간 쑥스럽지 않다. 그래서 하동여고를 후원할 때도 '참존 장학생'이니 뭐니 하는 이름을 붙이지 않고 조용히 학교 운영비 항목으로 보내고 있다. 성경 말씀에도 "왼손이 하는 일을 오른손이 모르게 하라"고 하지 않았던가. 그럼에도 불구하고 그동안 꺼내놓지 않았던 일을 이렇게 입 밖으로 내는 것은, 함께 희망을 나누는 일이 얼마나 의미 있고 기쁨을 주는지를 말하고 싶기 때문이다.

몇 달 전, 중국 출장을 갔을 때 그곳 사업자와 이야기를 나누며 확실하게 약속했던 것이 있다. 앞으로 참존이 중국에서 얼마만큼의 수익을 올릴지는 알 수 없지만 그 수익의 일정 비율을 떼어내 중국 소비자를 위해 아낌없이 쓰겠노라고 했다. 이제 그 증인은 이 책을 읽고 있는 여러분이 되어줄 것이다. "혼자 가면 빨리 가고, 함께 가면 멀리 간다"는 말처럼 많은 사람과 함께 멀리 가는 참존을 여러분에게 보여줄 수 있으리라 믿는다.

나눔의 부자가 되어라

♛ 대학을 졸업할 때 아버지가 돌아가신 후 장인어른은 내게 많은 것을 몸으로 가르쳐주시는 또 한 분의 아버지셨다. 나는 장인어른에게 진정한 배려와 베풂이 무엇인지를 배울 수 있었다. 장인어른은 우리 집에 오실 때면 자주 과일을 사 오셨다. 그런데 이상하게도 늘 한쪽이 멍들거나 찌그러지거나 벌레 먹은 과일이 몇 개씩 꼭 들어 있는 것이었다. 하루는 그 이유를 여쭤보았다.

"아버님, 어째서 이렇게 못생긴 과일을 사 오세요?"

그러자 장인어른이 말씀하셨다.

"장사하는 사람들에겐 이것도 다 귀하고 돈이 되는 물건이야. 그런데 다들 크고 빛깔 좋고 예쁘게 생긴 것만 골라 가면 그 사람들은 늘 손해만 볼 거 아닌가. 서로서로 조금씩 손해 보면 그건 손해가 아니라 모두에게 좋은 일이라 생각하네."

"그런다고 장사하는 사람들이 그 마음을 알아주는 것도 아니잖습니까?"

"그 마음이야 상대방이 알아도 그만, 몰라도 그만이지. 하지만 그렇게 마음을 베풀고 나면 누구보다 내가 아주 행복하고 기쁘니까 그걸 마다할 이유가 없지."

　나이 들수록 장인어른의 말씀이 더 선명하게 들린다. 그건 아마 나 역시 누군가로부터 무언가를 받을 때보다 누군가에게 무언가를 줄 때 더 행복하고 기쁘다는 걸 경험으로 깨달았기 때문일 것이다.

27 인생은 동굴 탐사와 같다
최대한 몸을 낮추고 앞장서서 나아가라

| 희망의 부자가 되어라 |

우리나라뿐 아니라 세계적으로 경제 불황을 겪으면서 유례없는 실업률을 기록하고 있다. 특히 20대 청년 실업률은 전 연령대 실업률의 3배에 육박하고, 경제 활동 참가율 또한 전 연령대의 71퍼센트 수준에 그치는 것으로 나타나고 있다. 일자리 질도 좋지 않아 비정규 계약직으로 근무하는 비율도 높고, 심지어는 구직 자체를 단념하는 우울한 청년도 상당수라고 한다. 참으로 안타까운 상황이 아닐 수 없다.

나는 몇 년 전부터 대학생들 멘토 역할을 하면서 종종 젊은이들과 만날 기회가 있다. 또 회사나 공장으로 찾아오는 젊은이와 대화를 나눌 때도 있다. 그럴 때면 확실히 우리 세대와는 많이 다르다는 느낌을 받는다. 발랄하고 재치 넘치고 자기표현에 거침이 없어 좋다. 그런데 뭔지 모르게 오기와 끈기, 패기 같은 독기 어린 집념이 부족해 보일 때가 있다.

젊은이들과 대화를 나눌 기회가 생길 때면 꼭 들려주는 말이 있다. 젊은 시절 읽었던 책의 한 구절로 가슴에 새기고 새겼던 다짐이다. 그 다짐은 지금도 내 사무실에 걸어둔 액자 속에서 나를 지켜보고 있다.

나의 다짐
1. 즉시 한다.
2. 반드시 한다.
3. 될 때까지 한다.

'한다'라고 하는 이 세 가지 다짐은 우리의 머릿속 생각을 행동으로 옮기게 해준다. 또 행동이 거듭되면서 좋은 습관을 갖게 하고, 좋은 습관은 성격과 운명까지 바뀌도록 한다.

옛날부터 '아는 것이 힘'이라고 했다. 하지만 오늘날엔 아는 것만으로는 힘이 되지 못한다. 요즘에는 인터넷만 이용해도 온갖 정보가 지천에 널려 있어 정보를 아는 것만으로는 경쟁력을 갖기 힘들기 때문이다. 아는 것을 실제 행동으로 옮기지 않으면 아무것도 이룰 수가 없다. 아는 것이 힘이 되어 경쟁력을 가지려면 끈기 있고 패기에 찬 '한다' 정신이 필요하다. 그리고 뚜렷한 목표 의식이 있어야 한다. 무엇을 꼭 이루겠노라는 목표 의식이 분명해야 열정도 생기고 '될 때까지 한다'는 독기 어린 집념과 끈기도 만들어진다.

청년 실업자 가운데 니트족이 자꾸 늘어가는 것도 뚜렷한 목표 의식이 없기 때문이라고 본다. 니트(NEET · Not in Education, Employment or Training)족은 직장이 없는데도 직업을 갖고자 하는 의욕이 없고, 따라서 직업 교육에도 참여하지 않은 채 아르바이트로 생활하는 사람을 말한다. 물론 글로벌 경제 상황이나 사회 구조적인 문제를 외면하고 청년들 개개인에게만 실업의 원인을 돌리려는 뜻은 결코 아니다. 하지만 외부 상황이 나쁘다고 해서 그것만 탓하고 있으면 그 손해는 고스란히 개인의 몫이 되고 만다. 외부 상황은 그것대로 해결 방안을 찾아나가야 하겠지만, 그와 동시에 개인적인 노력도 함께 기울여야 한다.

경쟁력을 가지려면 끈기 있고 패기에 찬 '한다' 정신이 필요하다

가끔 내게 젊은이들이 풀기 어려운 문제에 부딪히면 어떻게 헤쳐 나가느냐고 물어올 때가 있다. 그러면 약사면허증을 준비하던 대학 시절의 에피소드를 재미 삼아, 교훈 삼아 들려준다.

내가 약사 면허증을 딴 것은 지금으로부터 48년 전, 그러니까

1965년의 일이다. 속내 모르는 사람들은 약대만 나오면 무조건 약사 면허증을 따는 줄 알지만, 약사 면허증을 따는 일이 그리 녹록치만은 않다. 시험 과목이 무려 10개나 되는 데다가 공부할 내용이 광범위해서 만만하게 달려들 일이 아니다. 또 시험 문제를 내는 출제위원에 따라 시험 경향이 조금씩 달라지니 그에 맞춰 공부해야 하는 부담도 있다.

그러나 약사 면허증을 꼭 따야 한다는 목표가 분명하니, 그 때부터 내가 할 일은 어떻게 준비할 것인가였다. 그 방법을 곰 곰이 생각하던 나는 시험 출제위원들이 가르치는 대학의 학생들을 모아야겠다고 판단했다. 그래서 서울대와 중앙대, 성균관대, 이화여대, 숙명여대, 동덕여대, 조선대 등 여러 대학의 학생들 열다섯 명을 모아서 팀을 꾸렸다. 팔은 안으로 굽는다고, 아무래도 출제위원들이 가르치는 내용 중에 시험 문제로 출제될 내용이 들어 있을 확률이 높으니까 말이다.

그런 다음엔 한 달에 한 번씩 모여 공부를 하다가 시험 날짜가 가까이 다가오는 것에 따라 일주일에 한 번씩 모였고, 시험 한 달 전부터는 시험장인 이화여대 근처에 여관을 잡고 합숙 훈련에 들어갔다. 이렇게 함께 모여 공부를 하니 시간이 갈수록 실력도 붙고, 실력이 붙으니 자신감도 저절로 생겼다. 그런데 합숙 훈련을 하면서 여학생이 하나둘 떨어져나가기 시작했다. 남학생들과 함께 먹고 자면서 공부하는 것을 탐탁치 않게 여긴 부모님들이 반대를 하고 나선 것이다. 그런데 같이 공부하던 여학생들이 빠져나가게 되자 분위기도 흐트러지고 시험 예상 문제를 뽑아내는 데도 문제가 생겼다.

이래서는 안 되겠다고 생각한 나는 새로운 아이디어를 짜냈다. 후배 한 명을 불러 밤새 쪽집게 예상문제집을 만들기로 한 것이다.

그때가 60년대였으니 지금처럼 복사기가 있었던 것도 아니고 컴퓨터로 간편하게 작업할 수도 없었다. 우리는 이른바 '가리방'이라고 불리는 등사판을 문방구에서 빌려서는 철필로 한 자 한 자 직접 글씨를 써서 하룻밤에 100장씩 예상 문제집을 손수 인쇄했다. 그리고 나는 같이 공부하는 학생들에게 문제집을 나눠주기 전에 겉장에 APC라는 서클 이름도 만들어 붙였다. APC는 올 패스 서클(All Pass Circle)의 약자로, 우리 모두 함께 합격하자는 뜻이 담겨 있다.

이렇게 만들어진 APC 예상 문제집을 받아 든 학생들은 놀라움의 탄성을 질렀다. 그리고 합숙 훈련을 반대하던 여학생들은 이 문제집을 집에 가져가서 부모님을 설득했다. 당연히 부모님은 굴복할 수밖에 없었다. 게다가 우리 예상 문제집이 다른 학생들에게 알려지면서 돈을 내고 사겠다는 주문까지 들어왔다.

우리는 여분으로 만들어놓았던 문제집을 팔았고, 그 돈으로 여관비와 식대까지 깔끔하게 해결할 수 있었다.

내가 이 이야기를 젊은이들에게 해주는 까닭은 어떤 것이 되었든 확실한 목표가 생기면 힘 있게 추진해나가길 바라서이다. 갈 길이 정해지면 실패를 두려워하지 말고 그저 성공만 생각하며 앞으로 나아갈 줄 알아야 한다. 그렇게 하다보면 캄캄한 동굴 속에서도 길을 찾아낼 수 있다. 길이 없는 게 아니라 길을 찾지 않을 뿐이다.

진심으로 간절하게 원하면 길이 보인다는 것을 얘기해주고 싶다.

처음부터 길이 있었던 곳은 없다. 한 사람 두 사람 자꾸 걷다보니 어느새 길이 생긴 것이다.

인생은 동굴 탐사와 같다.

내일 무슨 일이 생길지 모른다. 인생만큼 앞이 보이지 않는 캄캄한 동굴도 없을 것이다. 하지만 캄캄하다고 해서, 앞이 보이지 않는다고 해서 그냥 그 자리에 머물러 있을 수도 없다. 그렇다고 막무가내로 울뚝불뚝 서둘러 나아갈 수도 없다. 언제 어디서 돌이 떨어질지도 모르고, 날카로운 동굴 벽에 부딪쳐 크게 다칠 수도 있기 때문이다.

동굴 탐사와 같은 인생을 살아가려면 최대한 자세를 낮추고 겸손한 자세로 앞장서서 쉼 없이 탐사해야 한다. 그래야 남에게 해를 끼치지도, 나를 상하게 하지도 않으면서 새로운 길을 발견할 수 있다. 또 자신이 원하는 성공을 잡을 수가 있다. 어떤 일이건 앞사람만 따라다니는 사람은 결코 성공할 수 없다.

희망의
부자가 되어라

♛ 러셀 코웰 박사는 미국 템플 대학을 만든 창시자이다. 그는 2차 대전 후 미국에서 백만장자로 성공한 4,043명을 대상으로 성공 요인을 조사했다고 한다. 그 조사에서 코웰 박사는 세 가지 공통점을 한결같이 발견할 수 있었다는 것이다.

첫째, 성공한 사람들은 목표가 뚜렷했다.
둘째, 목표를 이루기 위해 열정과 최선을 다했다.
셋째, 자신의 무지와 한계를 깨닫고 열심히 공부했다.

그런데 나는 코웰 박사가 말한 세 가지 성공 요인을 보면서 또 다른 생각을 해보았다. 이 세 가지 성공 요인 속에 숨어 있는 세 가지 공통점을 다시 발견할 수 있었던 것이다.

첫째, 이 성공 요인들은 실행에 옮기는 데 돈이 하나도 안 든다.
둘째, 좋은 집안에서 태어날 필요도 없다.

셋째, 훌륭한 학벌을 갖지 않아도 된다.

다시 말해, 우리는 누구나 마음만 먹으면 성공할 수 있다는 말이다. 우리가 성공하지 못하는 것은 그렇게 해보겠다는 결심이 부족하기 때문은 아닌가, 한 번쯤 깊이 생각해볼 일이다.

희망과 절망의 차이는 동전의 양면과 같다. 희망의 앞면을 볼 것인지, 절망의 뒷면을 볼 것인지는 오로지 우리에게 달려 있다. 다만 절망의 뒷면이 나왔을 때 쉽게 포기하지 말고 희망의 앞면으로 뒤집어놓을 수 있는 용기와 자신감이 필요하다.

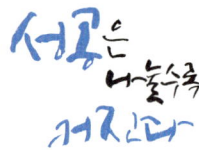

1판 1쇄 발행일 2000년 11월 20일
2판 1쇄 발행일 2013년 4월 5일

지은이 김광석
펴낸이 권성자
펴낸 곳 도서출판 아이북

주 소 서울 마포구 성산동 252-13 우경빌딩 2층
전 화 02-765-2547
팩 스 02-6455-5994
출판등록번호 10-1953호 등록일자 2000년 4월 18일
이메일 ibookpub@naver.com

값 14,500원

ISBN 978-89-89968-74-0 03320

* 저자와의 협의하에 인지를 붙이지 않습니다.
* 잘못된 책은 바꿔드립니다.